Veronika Prüller-Jagenteufel

Den Weg zur Krippe weitergehen

Für meine Patenkinder

Veronika Prüller-Jagenteufel

Den Weg zur Krippe weitergehen

Ein spiritueller Begleiter durch die Advents- und Weihnachtszeit

Vier-Türme-Verlag

Bibliographische Information der Deutschen Bibliothek
Die Deutsche Bibliothek verzeichnet diese Publikation in der Deutschen Nationalbibliographie. Detaillierte bibliographische Daten sind im Internet über http://dnb.ddb.de abrufbar.

1. Auflage 2008

Lektorat: Richard Reschika, Thomas H. Böhm
Umschlaggestaltung: Elisabeth Petersen, München
Umschlagmotiv: Die Reise nach Bethlehem, Byzantinisches Mosaik (ca. 14. Jahrhundert), Chora Kloster, Kariye Camii, Istanbul/Türkei, The Bridgeman Art Library
Gesamtherstellung: Friedrich Pustet KG, Regensburg
ISBN 978-3-89680-377-1

www.vier-tuerme-verlag.de

INHALT

Vorwort

Ein weiteres Weihnachtsbuch? Wozu? Als ich meiner Mutter von meinem neuen Buchprojekt erzählte, meinte sie: »Ich will Dir ja nicht den Mut nehmen, aber ich glaube, das ist verlorene Liebesmüh'. Solche Bücher gibt es doch schon so viele.« Es stimmt, an Büchern mit Gedanken zu Advent und Weihnachten herrscht kein Mangel – und doch kommen jedes Jahr neue dazu. Die Regeln des Buchmarktes mögen da mitspielen, aber es liegt wohl auch an den Gestalten und Themen, die diese besondere Zeit im Jahr bietet. Sie geben immer wieder »Stoff« zum Nachdenken und Nachspüren. Vielleicht ist es jedoch einfach die Größe des Glaubensgeheimnisses der Menschwerdung Gottes, das jedes Jahr neu dazu einlädt und auffordert, sich ihm wieder zu nähern, es zu erkunden und sich einzulassen auf seine Verheißungen von Heil und Gnade.

Als Theologin und Seelsorgerin weiß ich mich dieser anspruchsvollen Einladung besonders verpflichtet. Im hörenden Gespräch mit der Bibel und der christlichen Tradition möchte ich mein Glauben und Fragen, mein Suchen nach Gott und mein Beschenkt-Werden von Gott so in Worte fassen, dass andere in ihrem Glauben, Suchen und Fragen bestärkt werden und es ihnen helfen möge, sich vertrauensvoll für die Geschenke Gottes zu öffnen. Genau das betrachte ich als eine Grundaufgabe meiner Profession. Gelegentlich kann ich das im Österreichischen Rundfunk (ORF Radio) mit Meditationstexten und Evangelienauslegungen in spezieller Form umsetzen, immer wieder auch in Vorträgen und Seminaren. Einige Gedanken dieses Buchs beruhen auf Texten, die zu solchen Gelegenheiten entstanden sind. So ist dieses Advents- und Weihnachtsbuch für mich auch so etwas wie eine kleine Summa meiner theologisch-spirituellen Arbeit aus bald zwanzig Jahren.

Ein anderer Teil der Texte ist erst für dieses Buch entstanden, und auch die schon vorhandenen mussten verändert und überarbeitet werden. Dieser Prozess war insgesamt eine spannende, manchmal anstrengende, oft sehr beglückende Erfahrung. In der Auseinandersetzung mit den Themen dieser besonderen Zeit im Jahr musste ich zunächst mir selbst Rechenschaft geben über das, was ich guten Gewissens über die tiefen Geheimnisse christlichen Glaubens sagen kann. Und dann durfte ich erleben, wie sich die Worte beim Schreiben manchmal wie von selbst formten, ein Text eine auch für mich überraschende Wendung nahm und mir selbst dabei neue Einsichten in den Glauben geschenkt wurden. Ich kann nur hoffen, dass sich etwas von meiner Freude darüber auch in den niedergeschriebenen Worten mitteilt.

Angeordnet sind die Texte nicht streng nach dem Kalender – wiewohl sie auch auf die Reihenfolge der Feste, teilweise auch auf die der biblischen Lesungstexte in den Gottesdiensten der römisch-katholischen Kirche Bezug nehmen. Grundlegender war jedoch die Idee, dass da verschiedene Menschengruppen unterwegs sind nach Bethlehem: Maria und Josef, Frauen und Männer aus der Bibel, Heilige, Hirten und Könige. Wir sind eingeladen, uns ihnen anzuschließen, ihre Wege zur Krippe mitzugehen, uns von ihnen mitnehmen zu lassen.

Bei der Krippe heißt es dann verweilen: anbeten, unsere Gaben einbringen, preisen. Aber die Krippe ist kein Endziel; sie ist eigentlich ein Anfang. So finden wir uns dann erneut auf dem Weg wieder mit den Hirten und den Königen, mit den biblischen Gestalten und den Heiligen der Weihnachtszeit, mit Maria und Josef. Dieser Weg geht nicht einfach zurück, nach dem Fest wieder ins Gewohnte, sondern er führt weiter. Wie die adventliche Erwartung der Geburt des Messias sich immer wieder verbindet mit der Hoffnung auf sein endgültiges Wiederkommen, auf die Vollendung von Zeit und Welt, so greift die weihnachtliche Freude über das Leben Jesu voraus auf sein Wirken, seinen Tod und seine Auferstehung. Weihnachten zu feiern schickt uns mit ihm auf diesen Weg. In die Welt. In die Auseinandersetzungen. Ins Glück.

Als Jugendliche habe ich erlebt, wie der Weihbischof meiner Heimatdiözese St. Pölten, Dr. Alois Stöger, in einer Predigt in der Mitternachtsmette zu Weihnachten allen »frohe Ostern« gewünscht hat. Der ganze Dom hat darüber geschmunzelt. Aber es hatte einen tieferen Sinn: So sehr hat den Bischof der innere Zusammenhang von Weihnachten und Ostern erfüllt und begeistert. Wenn der einen Leserin oder dem anderen Leser auch nur an einer Stelle eine tiefere Einsicht in diese miteinander so eng verbundenen Geheimnisse des Glaubens geschenkt wird, dann hat es wohl Sinn gehabt, zu den vielen Weihnachtsbüchern ein weiteres dazuzulegen.

Jeder Text bringt Gedanken, die einer Bibelstelle oder Heiligenlegende oder Ähnlichem folgen. Zumeist bleibe ich auf der Textebene, versuche also, einen Text, eine Gestalt, ein Glaubensgeheimnis aus sich selbst heraus besser zu verstehen. Mein Anliegen dabei ist mehr die spirituelle Erkundung, weniger die hinterfragende Diskussion. So wird etwa die Jungfrauengeburt nicht problematisiert, sondern ein geistlicher Zugang dazu gesucht; Maria und Josef oder Adam und Eva beispielsweise begegne ich so, wie sie in den Texten erscheinen. Ich frage hier nicht, ob die geschilderten Ereignisse historisch oder märchenhaft sind, sondern nehme die Geschichten zumeist so, wie sie erzählt werden; zuweilen auch so, wie sie in der kirchlichen Frömmigkeitstradition ausgelegt und oft miteinander verbunden wurden. Es ist der Weg einer mehr betrachtenden Theologie, den ich hier gewählt habe. Er hat mich wieder einmal den großen Kosmos christlicher Tradition erfahren lassen, in dem es vieles gibt, was sich lohnt, im Licht unserer Gegenwart wieder oder neu entdeckt zu werden.

Zu jedem Text wird unter dem Stichwort »Hintergrund« Wissenswertes zum jeweiligen Thema bereitgestellt, und hier findet sich auch der eine oder andere Hinweis auf die theologischen Diskurse dazu. Kurze Impulse geben schließlich Anregungen »zur Vertiefung«. Diese Impulse bilden sicher einen enormen Überschuss, und niemand wird sie in der kurzen Zeit zwischen Anfang Dezember und Mitte Januar alle aufgreifen können. So sind sie auch nicht gemeint. Sie sind zuallererst Anregungen dazu, sich selbst nach dem zu fragen, was jeder und jedem ganz persönlich helfen könnte, ein Thema zu vertiefen. Vielleicht ist da für die eine oder den anderen ja auch etwas ganz anderes an der Reihe als meine Vorschläge. Auch hier gilt: Wenn nur ein einziger Impuls in diesen Tagen wirklich aufgegriffen, nur ein Gedanke in die konkrete Praxis umgesetzt wird, ist schon sehr viel geschehen.

Jeder Text steht in sich und kann unabhängig von den anderen gelesen werden. Das Kalendarium im Anhang soll dabei helfen, die einzelnen Themen bestimmten Tagen zwischen dem 1. Dezember und dem 6. Januar zuzuordnen, falls sie jemand lieber in dieser Reihenfolge lesen möchte.

Die inhaltliche Grundbewegung ist in allen Gedanken und Impulsen dieselbe: tiefer einzutauchen in die liebevolle Gegenwart Gottes und hinzugehen zu den Bedürftigen und den Armen. Beides ist *eine* Bewegung, die Bewegung der Menschwerdung – der Menschwerdung Gottes, der in unsere arme Welt kommt und uns alle und insbesondere die Armen den Reichtum seiner Gegenwart in dieser Welt erkennen lässt. Und es ist auch die Bewegung unserer eigenen »Menschwerdung«. Wenn wir uns Gott und den Nächsten öffnen, wachsen wir selbst als Menschen, werden immer mehr zu der und zu dem, als die uns Gott gemeint hat.

Einen ganz herzlichen Dank sage ich allen, die mir geholfen haben, sodass dieses Buch entstehen konnte: dem Lektor, Dr. Thomas Böhm, der mich dazu ermutigt und sensibel begleitet hat; Gertrud Hierzer und Barbara Müller, Frauen der Katholischen Frauenbewegung der Erzdiözese Wien, die zur Rohfassung der Texte wichtige Rückmeldungen gegeben haben; Univ.-Prof. Dr. Ilse Müllner, die nicht nur Teile des Manuskripts gelesen hat, sondern seit vielen Jahren als Freundin auch meinen geistlichen Weg begleitet; und wie immer – aber nicht aus Routine – meinem Mann, Univ.-Prof. Dr. Gunter Prüller-Jagenteufel, mit dem ich nicht nur in der Liebe, sondern auch im Glauben wachsen darf.

Ein lieber Dank gebührt auch den Schwestern der Dominikanischen Gemeinschaft im Kloster Kirchberg am Wechsel, in deren schönem Haus und unter deren liebevoller Betreuung ich wichtige Tage zur Fertigstellung dieses Buches verbringen durfte. In dieser schönen Umgebung, mitten in frühsommerlicher Wärme, bei Junigewitter und mit Blick auf üppiges Grün mich mit Weihnachten zu beschäftigen hatte einen eigenen Reiz. Ich hoffe, es hat dazu beigetragen, dass nicht zu viel lieblicher Keksduft aus den Texten aufsteigt, denn der Versuch, den Glauben an Jesus Christus zu buchstabieren, soll sich ja in den langen Wochen des ganzen Jahres bewähren.

Kirchberg am Wechsel,
am Fest des Heiligen Antonius von Padua 2008

Veronika Prüller-Jagenteufel

I

Auf dem Weg mit Maria und Josef

Auf dem Weg nach Bethlehem treffen wir zunächst auf Maria und Josef. Sie stehen in der langen Tradition der Gottsuche und des Gottvertrauens des Volkes Israel. Ihr Weg beginnt damit, dass Maria in eine wundersame Schwangerschaft einwilligt und sich bei ihrer Cousine Elisabeth Rat holt. So kann sie Gott preisen, der sich den Erniedrigten zuwendet und sie aufrichtet.

Und der Weg beginnt damit, dass Josef zu seiner Frau steht und sich mit ihr aufgrund eines staatlichen Befehls in die Heimatstadt seiner Vorfahren begibt, wo sie sich zunächst auf eine aussichtslose Suche nach einer Herberge machen.

Diesen biblischen und in der Frömmigkeitsgeschichte nachgezeichneten Weg sind wir eingeladen mitzugehen als erste Einübung in ein Einverständnis mit Gott. Auf diesem Weg begegnen wir schließlich auch Maria als »Unbefleckter Empfängnis«, fällt doch dieser katholische, nicht ganz leicht zu verstehende Feiertag mitten in den Advent.

Verwurzelt in der Geschichte des Volkes Israel – Der Stammbaum Jesu

Das Matthäusevangelium und mit ihm das Neue Testament beginnt damit, in kürzester Form die Geschichte Israels zu rekapitulieren von Abraham bis zur Geburt Jesu Christi: nämlich durch einen Stammbaum (Mt 1,1–17). Mit den vielen Namen klingt die Erinnerung an den Weg an, den Gott mit seinem Volk durch die Jahrhunderte gegangen ist.

Als Erster wird Abraham genannt, der große Glaubende: Auf Gottes Wort hin ließ Abraham alle Sicherheiten hinter sich und zog in ein fremdes Land. Er hat auf Gottes Zusage vertraut und das immer wieder, auch wenn er Gottes Forderungen nicht mehr verstand. Er wird zum Segen für die Völker. Seine Frau Sara wird nach langem Warten doch noch schwanger – ihr glückliches Lachen darüber ist legendär geworden. Mit dem Sohn Isaak und dessen Frau Rebekka lebt der Stamm weiter und damit auch die Verheißungen Gottes. Ihre Söhne Jakob und Esau werden sich ums Erbe streiten, Jakob erst nach langer Zeit in der Fremde heimkehren können. Zuvor ringt Jakob noch buchstäblich mit Gott so lange, bis Gott ihn segnet – und er einen neuen Namen bekommt: »Israel«, der Gottesstreiter. Später im Stammbaum findet sich Rahab, eine Dirne, die den Israeliten dabei hilft, ins gelobte Land zu kommen, oder Ruth, eine Ausländerin, die aus Treue zu ihrer Schwiegermutter nach Israel kommt und Barmherzigkeit und Aufnahme findet. Ihr Nachfahre ist der große König David, der leidenschaftliche, groß im Glauben wie im Sündigen – in seinem Haus gibt es Gewalt, aber auch Reue und Umkehr. Sein Sohn Salomo gilt als besonders von Gottes Weisheit erfüllt, ein Gottsucher mit sozusagen intellektueller Leidenschaft. In ihnen und allen anderen, die in der langen Namensreihe des Stammbaums genannt sind, wird Gottes Geschichte mit seinem Volk lebendig.

Diese Geschichte ist nicht frei von Irrwegen, von großer Schuld und historischen Katastrophen, aber es ist immer eine Geschichte, die Gott mitgeht. Sie spiegelt das beständige Suchen nach der Verbundenheit mit Gott und den immer neuen Versuch, als Einzelne wie als Gemeinschaft nach Gottes Willen zu leben.

In dieser Geschichte schlägt die Geburt Jesu ein neues Kapitel auf, mehr noch: Sie stellt das Verhältnis zwischen Gott und den Menschen in einen neuen Horizont, den Horizont der Menschwerdung Gottes. In neuer Qualität begibt sich Gott selbst in die Geschichte hinein. Die Geburt Jesu reiht sich ein in die Generationenfolge des Gottesvolkes. Die bisherigen Erfahrungen des Volkes Israel mit Gott werden so auch für die, die aus anderen Völkern kommend Jesus Christus nachfolgen, zum Fundament ihres Glaubens an diesen Gott. Wer als Christ oder Christin nach dem Willen Gottes leben möchte, braucht dazu auch die Erfahrungen des Volkes Israel; an ihnen lässt sich ablesen, was das Leben im Horizont der Liebe Gottes beinhaltet.

Die Geschichte Israels zeigt das beständige Versuchen, Scheitern und Neuanfangen in dem großen Projekt eines Lebens mit Gott, antwortend auf Gottes Liebe. Von Abraham und Sara bis Maria und Josef wird von Frauen wie Männern erzählt, die sich auf dieses Projekt einlassen.

Die Menschwerdung Gottes stellt diese Geschichte in den Horizont der unlöslichen Durchdringung und Verbundenheit von Gott und Mensch, der endgültigen Wirklichkeit der Liebe.

Hintergrund

Um den rechten Umgang mit der jüdischen Wurzel, der das Christentum entstammt, wurde und wird immer wieder gerungen. Ideen, das Alte Testament sei für Christen nicht wichtig, ja es verkünde einen Gott, der im Gegensatz zum Neuen Testament stünde, wurden von der Kirche entschieden verworfen. Dennoch gibt es die Geschichte christlicher Schuld und Mitschuld an den Judenverfolgungen der Jahrhunderte bis hin zum Nationalsozialismus.

Im Zweiten Vatikanischen Konzil hat die katholische Kirche unmissverständlich festgehalten, dass Antisemitismus unchristlich ist (vgl. die Erklärung über das Verhältnis der Kirche zu den nichtchristlichen Religionen »Nostra Aetate«, Nr. 4). Die Theologie hat sich seither verstärkt bemüht, Jesus aus seinem jüdischen Umfeld heraus zu verstehen, eine bessere Kenntnis des Alten oder Ersten Testaments zu verbreiten und dessen Schätze und Bedeutung für ein christliches Glaubensleben leichter zugänglich zu machen.

Zur Vertiefung

Gerade in der Advents- und Weihnachtszeit laden die sonntäglichen Lesungen, von denen eine immer aus dem Alten Testament ist, dazu ein, sich mit der Bibel näher zu beschäftigen. Kommentare helfen beim Verständnis der zuweilen sperrig erscheinenden Texte.

- Ich kann beispielsweise die Mosesgeschichte nachlesen, denn der Evangelist Matthäus bemüht sich, von Jesus in ähnlichen Schritten zu erzählen – z.B. Kindheit (Ex 1–2), Berufung in der Wüste (Ex 3), Weg in die Freiheit (Ex 12–18), Verkündigung der Gebote Gottes (Ex 20–23).
- Beim Propheten Jesaja ist der Hoffnung auf Trost und Frieden zu begegnen, von der die Verheißungen getragen sind, die von Christen als Hinweise auf Jesus gelesen werden (z.B. die Kapitel 40 und 43 oder 60–62).

- Ich lese bewusst die alttestamentlichen Lesungen der Adventsonntage (zu finden z.B. unter www.erzabtei-beuron.de/liturgie/index.php) in der Bibel nach und versuche, ihnen nachzuspüren.
- Ich kann auch die Geschichten mancher Personen nachschlagen, die im Stammbaum erwähnt sind. Die meisten Bibelausgaben bieten Verweise auf die betreffenden Bibelstellen im Anschluss an den Stammbaum Jesu.

Hören und geschehen lassen – Die Verheißung der Geburt Jesu an Maria

Der eigentliche Weg zur Krippe beginnt mit der Ankündigung der Geburt Jesu. Bevor noch irgendjemand auf dem Weg nach Bethlehem ist, ja überhaupt sein kann, begibt sich Gott auf den Weg der Menschwerdung. Bei Gott liegt der Ursprung. Alles menschliche Handeln ist Reaktion auf Gottes Initiative. So kommen auch unsere Bemühungen, diesen Weg zur Krippe mitzugehen, erst danach. Sie sind Antwort.

Um antworten zu können, muss ich zuerst hören – hinhören auf das, was mir gesagt wird. Ein christliches Urbild für den hörenden Menschen ist Maria in der Szene der so genannten Verkündigung, in der das Lukasevangelium von einem Engel erzählt, der zu Maria kommt und ihr Schwangerschaft und Geburt des göttlichen Kindes verheißt (Lk 1,26–38). An dieser Maria können wir sehen, wie Menschsein aus der Hoffnung auf Gott gelingt: Leben im Zeichen der Ankunft Gottes.

Wir können bei Maria in die Schule gehen: bei dem Mädchen aus Nazareth, bei der Jungfrau, von der das Evangelium erzählt: jung, verlobt, aber noch nicht verheiratet; doch schon könnte ein Fehltritt nicht nur ihre Eheschließung, sondern auch sie selbst gefährden: Würde sie sich mit einem anderen als ihrem Verlobten einlassen, könnte das streng – bis hin zur Todesstrafe – geahndet werden.

Lassen wir uns auf die Geschichte ein, wie sie der Evangelist Lukas überliefert: Da kommt zu dieser Maria ein Engel. Sein Gruß gleicht den Begrüßungen, mit denen Engel schon anderen aus dem Volk Israel, Propheten und Heerführern, Botschaften von großen Aufträgen und Berufungen überbracht haben. Vielleicht erschrickt Maria deshalb, weil sie die heiligen Schriften kennt und beim Hören schon weiß, dass es nun um Großes und Bedeutendes geht. Aber von Maria wird keine Leistung erwartet, sie bekommt keinen Auftrag wie die Propheten im Sinne eines: Geh und verkünde meinem Volk – oder: Geh und befreie mein Volk.

Maria wird gesagt, dass etwas an ihr und mit ihr geschehen wird, etwas, das weit über sie hinausweist. Marias Nachfrage, wie das denn genau passieren soll, gibt dem Boten Gottes Gelegenheit zu verkünden, dass Gott das Wunder aller Wunder tut: nämlich den Messias zu schicken, selbst Mensch zu werden – und das beginnt damit, dass in einem Menschen, in Maria, die Kraft Gottes neues Leben schafft. Denn: Es gibt kein Geschehen, das nicht von Gottes Kraft gewirkt werden kann. Diesem Geschehen gibt sich Maria hin, indem sie einwilligt: Mir geschehe nach Deinem Wort.

Im griechischen Text wird hier mit einem Wort gespielt, in dem noch die hebräische Sprachwelt durchklingt. Im Hebräischen nämlich meint das Wort Gottes zugleich Gottes Schöpferkraft – in Gottes Wort liegt die Kraft, die hervorbringt, Wort und Tat sind bei Gott eins. Das zeigt sich ganz deutlich im Schöpfungsbericht der Genesis: Gott sprach und es wurde ... (vgl. Gen 1,3 und öfter). Maria hört also nicht nur auf Gottes Wort, sie ist bereit, dieses Wort an sich geschehen zu lassen. – Und das, obwohl es nicht ungefährlich für sie war, ohne ihren Verlobten schwanger zu werden.

Maria hört, und ihre Antwort ist weder Aktivität noch Gegenrede, sondern sie stimmt zu und lässt an sich geschehen. Hören und geschehen lassen – das sind zwei gemeinhin als passiv charakterisierte Haltungen. Sie liegen damit quer zu dem Zug unserer Zeit, der Aktivität fordert, der zugreifen und selbst gestalten will. Wer das eigene Schicksal nicht in die Hand nimmt, kommt schnell unter die Räder. Wer sich nicht laut meldet, wird leer ausgehen. Hören und geschehen lassen mag in heutigen Ohren fast wie eine Aufforderung klingen, das Leben langweilig an sich vorbeiziehen zu lassen.

Hören und geschehen lassen sind aber nicht nur für Macher und ständig Betriebsame eine schwierige Herausforderung, sondern auch für Faule und allzu Bequeme: Denn diese Haltungen sind zwar in gewisser Weise passiv, verlangen aber doch innere Gespanntheit und Aufmerksamkeit – eigentlich höchste Aktivität, nur eben anderer Art. Darin liegt eine andere Neugier auf das Leben: eine, die es nicht in den Griff kriegen will, sondern bereit ist, sich einer Kraft zu öffnen, die über unser Leben weit hinausgeht. Ihre Impulse wahrzunehmen und mit ihnen mitzugehen bedeutet eben nicht Passivität, sondern erfordert mein Mittun, Mitdenken, Mitfühlen – fordert mich.

Die Schöpferkraft Gottes geschehen zu lassen, auf Gottes wirksames Wort zu hören bringt vielleicht keinen schnellen Geschäftserfolg, und es ist auch keine Garantie für ein unbehelligtes Dasein: Auf die Kraft des Zuspruchs Gottes zu vertrauen braucht klare Wachsamkeit und risikobereite Hingabe. Hören und geschehen lassen sind dabei eins, entsprechend der Einheit von Wort und Tat bei Gott: Wer wirklich auf Gottes Wort hinhört, öffnet sich dem Handeln Gottes.

Dabei ist natürlich nicht jede Stimme, die sich vernehmen lässt, auch nicht jede, die aus dem eigenen Inneren kommt, schon identisch mit Gottes Wort. Eine erste wichtige Unterscheidungshilfe der Geister ist die Frage, ob das, was ich höre und was ich daraufhin tue, dem guten Leben aller dient.

Hören und geschehen lassen benennen Haltungen eines adventlichen Menschseins, eines Lebens im Zeichen der Zukunft Gottes. Wer sich auf diese zugleich aktive und passive, sich einsetzende und sich hingebende Haltung einlässt, gibt die Antwort, die einschwenkt auf Gottes Weg der Menschwerdung.

Hintergrund

Am 8. Dezember wird in den römisch-katholischen Kirchen als Evangelium die Stelle gelesen, die erzählt, wie der Engel Gabriel zu Maria in ihre Kammer tritt und ihr ankündigt, dass sie einen Sohn gebären wird, der Sohn Gottes genannt werden wird: Lk 1,26–38.

Das Fest, das die Kirche an diesem Tag feiert und das der Volksmund »Mariä Verkündigung« nennt, heißt offiziell: »Hochfest der ohne Erbsünde empfangenen Jungfrau und Gottesmutter Maria« und hat die besondere Erwählung Marias vom Beginn ihres Lebens an zum Inhalt. Es geht also um die Empfängnis Marias durch ihre Mutter und nicht um die Schwangerschaft Marias mit Jesus.

An diesem Festtag die Verheißung der Geburt Jesu zu lesen fördert bei manchen dieses Missverständnis. Dabei kann dieser Evangelientext darauf verweisen, dass Maria wohl deshalb in der Lage war, in Gottes Heilswerk einzustimmen, weil sie zuvor schon erwählt und erlöst war. Wie bei Maria kommt auch bei uns immer zuerst die Erwählung bzw. Erlösung: Aus ihr entsteht uns die Kraft, auf Gottes Handeln vertrauensvoll zu antworten.

Zur Vertiefung

- Ich übe mich in diesen Tagen im Hören und in der Achtsamkeit. Ich nehme wahr, was in mir und um mich geschieht. Ich höre aufmerksam in die Stille.
- Hilfreich ist es dafür, sich still hinzusetzen und einfach wach und aufmerksam da zu sein – nicht irgendwelchen Gedanken nachzuhängen, sondern zu achten auf das, was jetzt ist: Was höre ich, rieche ich, sehe ich? Wie nehme ich meinen Körper wahr?
- Ebenso ist es eine gute Übung, wenn ich in einem Gespräch genau hinhöre und nicht schon bei der Hälfte des Satzes an meine Antwort denke, sondern den anderen aufmerksam anhöre.
- Wer ins Hören kommt, der und dem geschieht Heil. Das wissen diejenigen, die zur Krippe den Weg der Kontemplation konsequent gehen. Es lohnt sich, uns darin einzuüben.

Gesegnet und gepriesen – Maria und Elisabeth

Das Lukasevangelium erzählt, dass Maria, nachdem ihr der Engel ihre Mutterschaft verkündet hatte, zu Elisabeth geht, einer Verwandten, die selbst auf wunderbare Weise im Alter noch schwanger geworden und nun schon im sechsten Monat ist. Bei Lk 1,39–45 ist nachzulesen, wie freudig Maria empfangen wird: Elisabeth nennt sie eine Gesegnete und preist sie selig.

Preisen – dieses Wort gibt es fast nur noch im kirchlichen Sprachgebrauch. Es meint nicht den Preis, den etwas hat und der zu bezahlen ist, auch nicht den Preis, der gewonnen wird als Belohnung für den Sieg. Beim selig Preisen oder dem Lobpreis geht es zwar auch um sehr Wertvolles, aber nicht im Zusammenhang mit Leistung oder Belohnung und auch nicht mit Kaufen oder Bezahlen. Preisen in dem hier gemeinten Sinn hat mit den Geschenken des Lebens zu tun. Preisen ist ein Ausdruck von Freude, von Staunen, von Dankbarkeit. Elisabeth freut sich, staunt und ist dankbar, weil sie erkennt, welcher Segen auf Maria liegt, womit sie gesegnet ist. Und Maria preist in der Folge Gott, weil ihr dieser Segen nun auch selbst bewusst wird.

Segen – auch das ist so ein Wort, das im Alltag kaum mehr vorkommt. Segen ist eine Form, in der Gottes Liebe zu uns kommt: Im Segen drückt sich Gottes Wohlwollen aus. Segen gibt Schutz und Kraft. Segen zeigt sich in den Geschenken wie in den Herausforderungen unseres Lebens.

Das lateinische Wort für Segnen ist bene dicere: gut sagen. Wer gesegnet ist, über den lässt sich Gutes sagen, weil Gott zu diesem Menschen Gutes gesagt hat. Der ursprüngliche Segen, der auf uns allen liegt, ist das Gute, das Gott zu jeder und jedem sagt, weil Gott sich über alle freut und jede und jeden mit ganz besonderen Gaben, Fähigkeiten und Charismen ausgestattet hat.

Sagen wir einander das manchmal? Ich habe den Eindruck, dass wir selten andere preisen oder ihr Gesegnetsein dankbar bestaunen. Zu schnell sind wir beim Neid, allzu selbstverständlich taxieren wir andere nicht nach dem, was an ihnen gut ist, sondern nach ihren (scheinbaren) Fehlern. Und fast immer beurteilen wir andere im Vergleich zu uns, also danach, ob sie besser, schöner, erfolgreicher usw. sind als wir oder nicht, ob sie in der sozialen Rangordnung über oder unter uns stehen. Jemand anderen zu preisen hat dann schnell zur Folge, sich selbst abzuwerten – und dann lassen wir es lieber.

Sogar Elisabeth entkommt dem Vergleichen nicht ganz und hebt Maria gegenüber allen anderen Frauen hervor. Doch es ist hier die Sprache der Liebe, die dem Vergleichen nie entkommt. Dieses Vergleichen aber ist ein anderes als das des Wettbewerbs. Es beurteilt nicht von oben herab, sondern benennt eine besondere Beziehung. Marias besonderer Segen kann nun zum Anlass werden, uns auch nach dem Segen umzuschauen, der über unserem eigenen Leben liegt. Gott heißt jeden Menschen gut. Und wir sind alle dazu berufen, Gottes Wort in uns lebendig werden zu lassen. Wir sind alle schwanger mit dem Heil der Welt.

Wir wissen das nur oft nicht; wir haben es nötig, dass uns das jemand anderer zusagt: vielleicht gerade dann, wenn wir ähnlich wie Maria Rat suchen, weil wir mit etwas Neuem, Überraschendem in unserem Leben noch nicht so recht umzugehen wissen, noch nicht erkennen können, worin da der Segen für uns liegt.

Elisabeth sieht, dass Maria gesegnet ist, sie freut sich über diesen Segen der anderen und sagt es auch laut. Sie tut, was für uns oft so schwierig ist: Sie erkennt »neidlos« an, womit die andere beschenkt ist. Es würde wohl viel Kraft unter uns freisetzen, wenn wir uns öfter freuen und dankbar staunen könnten über das, was ein anderer Mensch empfangen hat, kann und ist, und auch über das, was ihn anders macht als mich, über das, was ich an ihm bewundere. Wie schön wäre es, könnten wir das nicht mit Neid ansehen, sondern mit Freude und Dankbarkeit wertschätzen.

Vielleicht sollten wir einander viel öfter preisen: Es würde die andere oder den anderen stärken, aber auch wir selbst könnten dabei wachsen. Denn es wäre ein Ausdruck des Staunens, der Freude und der Dankbarkeit über eine der unzähligen Weisen, Mensch zu sein. Damit sind wir alle, jeder und jede, unendlich reich beschenkt.

An Elisabeth und Maria sehen wir: Wo eine preist und eine gepriesen wird, da entwickelt sich eine Dynamik, die direkt dahin führt, Gott zu preisen! Der Lobpreis Gottes benennt den Ursprung des Segens und preist ihn voll Freude, Staunen und Dank.

Hintergrund

Jahrhundertelange Frauenverachtung in Gesellschaft und Kirche hat es insbesondere Frauen nicht leicht gemacht, sich selbst als Gesegnete wahrzunehmen, und hat zugleich tief sitzendes Misstrauen zwischen Frauen gesät. Die biblische Erzählung von Elisabeth, die Marias Segen laut heraussagt, ist auch ein mächtiges Gegenbild zu Neid und Missgunst unter Frauen. In Frauengottesdiensten ist in diesem Zusammenhang das Segnen als machtvolles Zeichen wiederentdeckt worden. So wurden und werden ansprechende Segensrituale neu entwickelt und neue Segenstexte publiziert, die sich auch für gemischte Gruppen und verschiedenste Anlässe gut eignen.

Zur Vertiefung

- Fällt mir eine Person ein, über die ich mich sehr freue (freuen würde), wenn sie zu mir kommt (kommen würde)? Was schätze ich an ihr besonders? Habe ich diesem Menschen meine besondere Wertschätzung schon einmal gesagt? Vielleicht ist es (wieder) Zeit dafür.
- Welcher Segen liegt auf mir? Womit bin ich gesegnet? Wofür werde ich gepriesen oder könnte ich gepriesen werden? Wofür bin ich dankbar?
- In einer guten Gruppe kann auch eine Preis-Litanei entstehen, wenn die Mitglieder einander preisen: Selig ist die, die ... / Selig ist der, der ... Als Abschluss beten alle gemeinsam das Magnifikat, den großen Lobpreis Gottes.

Gott richtet die Erniedrigten auf – Das Magnifikat

»Meine Seele preist die Größe des Herrn, und mein Geist jubelt über Gott, meinen Retter. Denn auf die Niedrig... « – Hier stockte sie, die erfahrene Trainerin, mit der ich im Rahmen eines Erwachsenenbildungslehrgangs für Frauen eine Woche zur Vertiefung der eigenen Spiritualität leitete. Wir arbeiteten zu Frauenbildern im Christentum, übten uns in freudigem Frausein im Angesicht Gottes. An diesem Nachmittag wollten wir das Magnifikat, den großen Lobpreis der Maria im Lukasevangelium (Lk 1,47–55), im Spiegel einer Nachdichtung von Dorothee Sölle betrachten. Meine Kollegin sollte den biblischen Originaltext (in der Fassung der Einheitsübersetzung) vorlesen, aber schon beim »Herrn« musste sie sich räuspern, bei der »Niedrigkeit« versagte ihre Stimme ganz. »Ich kann das nicht mehr hören und nicht mehr lesen«, sagte sie, »ich bin keine niedrige Magd, und ich akzeptiere keine Herrschaft.«

Die Klarheit, mit der sich diese Frau im Laufe ihres Lebens von einer Haltung der Unterwürfigkeit distanziert hat, hat mich und die anderen in diesem Kurs beeindruckt. Der Widerstand dagegen, kleingemacht zu werden, war ihr so in Fleisch und Blut übergegangen, dass es ihr körperlich unmöglich war, etwas vorzulesen, was für sie nach einer Einwilligung in Unterdrückung und Unterwürfigkeit klang. Der aufrechte Gang, der der Freiheit eines Christenmenschen entspricht, war ihr zur Lebenshaltung geworden.

Bis heute bewundere ich dieses Bekenntnis zum aufrechten Gang. Ich ahne, wie mühsam er in einem nun schon mehr als 60 Jahre dauernden Frauenleben in einer immer noch patriarchalen Gesellschaft und Kirche errungen ist. Und bis heute macht es mich nachdenklich, denn das große Loblied Marias auf Gott kann doch nicht als Infragestellung einer solchen Haltung gemeint sein. Zu deutlich werden in den weiteren Versen die Mächtigen vom Thron gestürzt und die Reichen leer weggeschickt. Zu deutlich steht der Gott, den Maria preist, auf der Seite der Armen und Kleinen und erhöht die Kleingemachten.

Was oft mit »Niedrigkeit« übersetzt und dann im Sinne der Unterwürfigkeit gedeutet und als weibliches Ideal hingestellt wurde, würde präziser mit »Erniedrigung« wiedergegeben. Es geht hier nicht um eine, die sich in den Staub vor der Majestät eines Herrn wirft und sich dann freut, wenn er sich von oben herab ein wenig zu ihr hinunterbeugt – überspitzt gesagt. Es geht vielmehr um eine Frau, die von der Erniedrigung spricht, die ihr persönlich oder dem Volk, für das sie steht, widerfahren ist.

Dabei kann man daran denken, dass Maria gerade unehelich schwanger geworden und damit in eine prekäre Randlage zur anständigen Gesellschaft geraten ist. Wer wird ihr schon glauben, dass diese Schwangerschaft etwas mit Gott zu tun hat? Wir können hier aber auch an das »Volk, das im Dunkeln lebt« (Jes 9,1), denken, an die, die sich im Wohlstand nicht eingerichtet haben, nicht einrichten konnten und sehnsüchtig auf den Messias warten, der Gerechtigkeit und Frieden bringen wird. Maria erscheint als Repräsentantin der Armen Gottes, derer, die auf niemand anderen mehr ihre Hoffnung setzen.

Wie bei den folgenden Versen geht es auch bei der Erniedrigung um Auswirkungen sozialer Ungerechtigkeit. Und wie so oft in der Bibel wird deutlich, dass Gott sich besonders denen zuwendet, die darunter zu leiden haben. Sie sind es auch, die – offenbar anders als Reiche und Mächtige – ein waches Gespür für diese Zuwendung Gottes haben. Maria steht für die, die erkennen, dass Gottes Menschwerdung diese Zuwendung endgültig besiegelt. In ihrer Freude mag mitschwingen, dass sie der Erzählung bei Lukas folgend gerade erlebt hat, wie ihre Verwandten die überraschend Schwangere nicht abweisen oder ausstoßen, sondern im Gegenteil als Mutter des Messias begrüßen und aufnehmen. Eine Erniedrigte wurde aufgehoben. Zugleich spricht aus den Worten des Magnifikats der Jubel all derer, denen der menschgewordene Gott neue Hoffnung schenkt und neue Lebenskraft.

Wer heute das Magnifikat als großen Lobpreis Gottes betet, willigt nicht ein in würdelose Unterwürfigkeit und schon gar nicht in Unterdrückung und soziale Ungerechtigkeit, auch nicht gegenüber Frauen. Wer heute das Magnifikat betet, weiß sich berufen zum aufrechten Gang und zum Einsatz dafür, dass dieser keinem Menschen mehr verwehrt wird.

»Wer Gott dient, wird nicht krumm«, sagt die heilige Klara von Assisi. Und genau die, die Gott dienen, sind daran zu erkennen, dass sie sich in Demut zu denen beugen, die aus Erniedrigung erhoben werden müssen, und ihnen glaubwürdig vermitteln können, dass gerade sie bei Gott Ansehen haben.

Hintergrund

Das Magnifikat greift Verse aus einem biblischen Lobpreis auf, den schon einmal eine Frau gesungen hat, die Gott aus Erniedrigung erhob: Hanna, die als Kinderlose geschmäht wurde und der Gott einen Sohn, Samuel, schenkte. Nachzulesen ist das am Beginn des ersten Buch Samuel (Danklied der Hanna 1 Sam 2,1–10). Gottes Zuwendung zu Hanna und ihr Lobpreis für Gott, der die Schwachen aus dem Staub erhebt, stehen wie ein mahnendes Vorzeichen vor der nachfolgenden Geschichte des Königtums in Israel. So steht auch das Magnifikat als Warnung vor allen Versuchen, Christentum mit gesellschaftlicher Macht durchzusetzen.

Der angesprochene Text von Dorothee Sölle zum Magnifikat findet sich in: Große Frauen der Bibel in Bild und Text, Freiburg: Herder 1993, auf Seite 290.

Zur Vertiefung

Das Magnifikat lobt Gott, der auf Maria geschaut hat. Wir haben alle Ansehen vor Gott. Uns das neu bewusst zu machen, dazu kann eine Körperübung helfen:

- ▶ Weil ich vor Gott Ansehen habe, darf ich mich aufrichten zu voller Größe: Morgens recke ich mich und strecke ich mich dem liebevollen Blick, den Gott für mich hat, entgegen. Und ich beuge mich, in Ehrfurcht vor der Größe Gottes und all der Menschen, die mir heute begegnen werden. So beginnt der Tag mit einem kurzen Körpergebet, das mich an den aufrechten Gang und den Mut zum Dienst erinnert und mich mit dem verbindet, den auch meine Seele Grund hat zu loben.

Fürchte dich nicht, deine Frau zu dir zu nehmen – Josefs Traum

Zumeist denken wir bei der Weihnachtsgeschichte an Maria und das Kind. Josef hat bloß eine Nebenrolle. Auf vielen Bildern sitzt er abseits. Dabei richtet das Matthäusevangelium seinen speziellen Blick auf ihn, so wie bei Lukas Maria im Blickpunkt ist. Matthäus zeigt an Josef, welche Haltung der Ankunft des Heils dient (Mt 1,18–25).

Josef und Maria waren verlobt, was rechtlich bereits wie eine Ehe behandelt wurde; Ehebruch wurde hart bestraft, bis hin zur Todesstrafe. Da erfährt Josef, dass Maria schwanger ist, obwohl er doch noch nicht mit ihr geschlafen hat. Was er da wohl gedacht, gefühlt hat? Das Matthäusevangelium erzählt, dass er Maria aus der bereits vereinbarten Verbindung entlassen wollte – und zwar in aller Stille, um sie nicht bloßzustellen. Vielleicht hat er geglaubt, dass Maria verführt, vielleicht auch vergewaltigt wurde. Josef will keine öffentliche Verhandlung und keine Bestrafung. Er war gerecht, sagt Matthäus. Ein Gerechter ist einer, der sich bemüht, die Gesetze zu halten, um das Kommen des Messias zu beschleunigen. Josef hat verstanden, dass Gerechtigkeit in der Barmherzigkeit gipfelt. Das Gesetz ist dazu da, Leben zu schützen und zu fördern. Josef schützt das Leben seiner geliebten Maria. Er verzichtet darauf, durch eine harte Bestrafung die verletzte Ordnung und den verletzten Männerstolz wiederherzustellen. Josef will Maria also nach ihrem »Fehltritt« nicht demütigen, sondern möchte sie freigeben. Sie könnte sich dann mit dem anderen Mann verbinden und so ihren Zustand und ihr Kind legitimieren.

Josef überlegt noch – eine Entscheidung fällt ihm nicht leicht. Schließlich riskiert er ja auch seine Stellung in der gesellschaftlichen Ordnung. Vielleicht wird man ihm nachsagen, er sei ein Weichling, einer, der sich seine Braut hat ausspannen lassen, ohne sich zu wehren. Kein richtiger Mann, der alles im Griff hat.

Anhand von Fragen der Sexualität werden gesellschaftlich wie in konkreten Beziehungen auch Machtfragen ausgehandelt. Der Bereich der Sexualität ist ein sehr sensibler, einer, der unserer Persönlichkeit und Identität sehr nahe ist. Daher muss in diesem Bereich besonders sorgfältig und verantwortungsbewusst gehandelt werden. Zugleich ist es ein Bereich des Menschlichen, in dem Unterdrückung besonders wirksam ansetzen kann – und so oft in der Geschichte angesetzt hat.

Josef ist dabei, sich dazu durchzuringen, in diesem zentralen Bereich auf eine unterdrückerische Macht, die ihm ungerechte Strukturen in die Hand geben, zu verzichten. Das Leben ist ihm wichtiger als das männliche Kontrollrecht. Die Entscheidung fällt schwer. Auf Herrschaft und Kontrolle zu verzichten ist nicht einfach – und das nicht nur für Männer.

Während Josef also noch mit sich ringt, erfährt er im Traum, dass er etwas Wesentliches falsch verstanden hat. Maria ist weder vergewaltigt worden, noch hat sie Ehebruch begangen – ihr Kind ist vom Heiligen Geist. Kein Mann war da im Spiel. Es geht gar nicht um Geschlechtsverkehr, nicht um Sexualität und wer darauf ein Recht hat. Darum geht es bei dieser Schwangerschaft nicht. Das wird auch durch die Bemerkung unterstrichen, dass Josef weiterhin nicht mit Maria schläft. Aus Gottes Willen kommt ein Kind zur Welt und wurde eine Frau in das Wunder Gottes mit hineingenommen.

Und derselbe Gott hat für Josef die Botschaft, sich nicht beirren zu lassen in seiner Sorge und seiner Liebe für diese Frau. Was ohne die Kenntnis von Gottes Willen wie ein Ehebruch ausgesehen hat, kann damit zu einer neuen Grundlage eines gemeinsamen Lebens werden, eines Lebens, das einen großen Auftrag hat: Denn das Kind soll die lang ersehnte Erlösung für das Volk Israel bringen. Josef, der Gerechte, darf nun auf ganz neue Weise dem Kommen des Messias dienen.

Von Josef, der barmherzig sein will und schließlich dem Wirken Gottes mehr vertraut als dem Bedürfnis, zu kontrollieren und zu herrschen, können wir lernen, wie ein befreiendes Handeln, das dem Messias die Wege ebnet, aussehen kann: Wo Menschen wahrnehmen, dass andere bedroht sind, dass die aufgestellten Regeln Angst machen und Leben gefährden, wo Menschen die Bedrohten aufnehmen, zu ihnen stehen, bei ihnen bleiben, mit ihnen solidarisch sind, dort kann Heil auf die Welt kommen, kann Erlösung beginnen.

Wenn wir überlegen, was in einer konkreten Situation aus Barmherzigkeit und Menschenfreundlichkeit zu tun wäre, und wenn wir vor der Herausforderung stehen, auf Kontrolle und Herrschaft zu verzichten, dann möge doch auch zu uns ein Engel kommen und uns ermutigen: Fürchte dich nicht, dich der Menschen anzunehmen – lass dich ein und vertraue darauf, dass Gott dabei wirkt und dass Gott selbst damit zu dir kommt.

Hintergrund

Im alten Orient wurde eine Ehebrecherin erdrosselt oder gesteinigt. Die patriarchale Ehegesetzgebung der damaligen Zeit sah im Ehebruch die Verletzung der Verfügungsrechte des Ehemannes an der Sexualität seiner Frau. Für den Fall von Ehebruch oder dem Bruch der Verlobung wurden Frauen überall in der Antike mit schweren Strafen oder dem Tod bedroht.

Die Angst davor und schon die Angst, in einen diesbezüglichen Verdacht zu kommen, muss das Leben von Frauen tief geprägt haben. Wenn bis heute Frauen Angst davor haben, mit ihrer Sexualität offen und selbstbewusst umzugehen, und wenn bis heute in diesen Dingen für Frauen und Männer unterschiedliche Maßstäbe gelten, ist immer noch zu spüren, dass patriarchale Herrschaft wesentlich mit der Kontrolle und Unterdrückung von Frauensexualität zu tun hat.

Zur Vertiefung

- Wo kann ich Menschen solidarisch unterstützen, damit sie nicht bloßgestellt werden?
  Zum Beispiel: Da gibt es die Frau, die der Sozialhilfe-Empfängerin Kleidung borgt, damit diese für den Arztbesuch etwas Respektables zum Anziehen hat. Da ist der Arbeiter, der deckt, dass sein Kollege derzeit kaum mitkommt, weil seine Frau schwer krank ist. Da ist die Pfarre, die Herbergen für Asylanten eingerichtet hat und sich für ihr Bleiberecht einsetzt.
- Es gibt so viele Möglichkeiten, sich beherrschender Kontrolle zu enthalten, Gerechtigkeit zu üben und barmherzig zu sein.

Um sich eintragen zu lassen – Die Volkszählung

»In jenen Tagen erließ Kaiser Augustus den Befehl, alle Bewohner des Reiches in Steuerlisten einzutragen. Dies geschah zum ersten Mal; damals war Quirinius Statthalter von Syrien. Da ging jeder in seine Stadt, um sich eintragen zu lassen. So zog auch Josef von der Stadt Nazareth in Galiläa hinauf nach Judäa in die Stadt Davids, die Bethlehem heißt; denn er war aus dem Haus und Geschlecht Davids. Er wollte sich eintragen lassen mit Maria, seiner Verlobten, die ein Kind erwartete.« (Lk 2,1–5)

»Nein, das können Sie hier nicht beantragen. Da müssen Sie in die Stadt, in der Sie polizeilich gemeldet sind.«

Natascha wusste nicht mehr, wie die Stadt geheißen hatte, in der sie damals mit ihren Eltern in Deutschland angekommen war. Und ob sie sich damals bei der Polizei gemeldet hatten? Eher nicht. Schließlich waren sie doch gerade erst einem bösen Polizeistaat und seinem Krieg entkommen. Sie hatte sich um so etwas nie gekümmert; hatte versucht, im neuen Land zurechtzukommen, hatte mit Eltern und Lehrern gekämpft, war von der Schule geflogen und abgehauen. Jetzt war sie schwanger.

Fred hatte sie aufgelesen. Er mochte Natascha. Er freute sich über die Schwangerschaft und fragte nicht lang, von wem das Kind war. Viel zum Beißen hatte auch er nicht. Schon lange arbeitslos. Mal hier, mal dort. Stadtstreicher – um es schön zu sagen. Die nette Lady von der Tafel in der Kirchengemeinde hatte ihnen geraten, doch Sozialhilfe zu beantragen – jetzt, wo bald das Kind kam. Sich in die Bürokratie, in diese Amtsstuben zu wagen hat sie ganz schön viel Mut gekostet. Doch der Beamte hat sie abgewiesen. Hier geht es also nicht.

»Wo kommt denn Deine Familie her, Fred?« – »Das ist weit weg; am anderen Ende von Deutschland. Ob wir da noch hinkommen, bevor es bei Dir losgeht? Wir haben doch kein Geld mehr.«

Tagelang haben sie auf dem Bahnhof das Fahrgeld zusammengebettelt. Immer mit dem Blick aus den Augenwinkeln – nur den Männern von der Security keinen Grund zur Aufregung geben. Dann fünfmal umsteigen, für den ICE hat's nicht gereicht. »Nehmen die uns im Krankenhaus überhaupt, wenn wir's nicht bezahlen können?«

Hintergrund

Nach dem Lukasevangelium mussten Maria und Josef nach Bethlehem aufgrund der Volkszählung. Solche Volkszählungen führte das römische Imperium nicht aus demografischer Neugier durch, sondern um die Steuern und Naturalabgaben zu berechnen und einzukassieren. Beauftragt damit war das Militär, und die Soldaten waren nicht zimperlich. Zeitgenössische Berichte sprechen davon, dass die Steuereintreiber oft mehr Besitz verrechneten, als tatsächlich da war, und sogar unter Folter Geständnisse erpressten über eventuell verheimlichte Güter.

Im Jahr 8 vor Christus verfügte Kaiser Augustus einen solchen Zensus. Wir dürfen uns unter der Reise von Maria und Josef nach Bethlehem also keine nette Wanderung vorstellen, sondern die Zwangsmaßnahme einer Besatzungsmacht, die nicht nur mühsam, sondern auch gefährlich war. Schon vor und bei seiner Geburt ist Jesus mit seinen Eltern unterdrückerischer Macht und ihren Folgen für den Umgang von Menschen miteinander ausgeliefert.

Zur Vertiefung

- Wer sind in meinem Umfeld, meinem Stadtviertel, meinem Ort, die Menschen, die heute unter die Räder kommen? Weiß ich das überhaupt? Kenne ich davon jemand?
- Zeit und Energie an Menschen am Rand unserer Gesellschaft zu verschenken, ist der Königsweg der Menschwerdung – es ist der Weg, den Gott selbst gegangen ist. Gelegenheiten dazu gibt es viele: Fast alle sozialen Einrichtungen begrüßen ehrenamtliche Mitarbeit.
- Beispielsweise gibt es Deutschland, Österreich und der Schweiz ca. 800 so genannte Tafeln: Hier sammeln Helferinnen und Helfer gute Lebensmittel aus den Geschäften, bevor sie dort weggeschmissen würden, und bereiten damit Bedürftigen regelmäßige Mahlzeiten.
  Siehe: www.tafel.de
  www.schweizer-tafeln.ch
  www.wienertafel.at
  www.salzburgertafel.at
  Es gibt auch einen europäischen Zusammenschluss ähnlicher Organisationen: www.eurofoodbank.org

(K)einen Platz haben – Herbergssuche

Mancherorts gibt es ihn noch, den Brauch des Herbergssuchens, bei dem in der Adventszeit ein Bild von Josef und der hochschwangeren Maria von Haus zu Haus wandert und man bei der Übergabe von einer Familie zur nächsten zu einer Andacht zusammenkommt. Ein schöner Brauch, geeignet als Anstoß, uns zu fragen, ob wir bereit sind, dass Gott zu uns kommt, und sich im Gebet mit anderen neu darauf einzustellen, dass Gott bei uns einkehrt.

Wo dieser Brauch aus einer sozial verantwortlichen, diakonischen Perspektive gestaltet wird, wird er zuweilen mit Informationen über die Migrationsbewegungen in unserer Welt verbunden und mit Überlegungen zu einer Art und Weise, mit Asylbewerberinnen und Zuwanderern in unserem Land umzugehen, die den Grundsätzen der kirchlichen Soziallehre entsprechen würde. Manchmal erwächst daraus dann auch eine Weihnachtsfeier im Asylantenheim oder die Einladung an Einzelne von ihnen zum Heiligen Abend in einer einheimischen Familie.

In beiden Varianten der alten Herbergssuche übernimmt man dabei meistens die Rolle des Herbergsvaters oder Wirtshausbesitzers, der nach der Überlieferung Maria und Josef abgewiesen hat. Die Botschaft ist klar: Wir sollen stattdessen Christus innerlich bei uns aufnehmen bzw. ihm in der Gestalt der heute in der Gesellschaft Aufnahme Suchenden einen guten Platz geben.

Doch mir geht diese kurze Erwähnung, dass Maria ihren Sohn in eine Krippe legte, »weil in der Herberge kein Platz für sie war«, auch noch in einer anderen Hinsicht nach. Nicht nur die Rolle derer, die Herberge geben können, ist mir nahegelegt, ebenso die, Aufnahme zu suchen und zu brauchen. Mich also an die Seite derer zu stellen, die abgewiesen werden, und mich als eine zu erleben, für die es keinen Platz gibt.

Beim Einfühlen in diese Rolle tauchen schnell Erfahrungen auf, eigene und mir erzählte: von vergeblicher Suche nach einem Platz in einer Firma; vom Abgewiesen-Werden mit der Hoffnung nach Platz im Herzen eines geliebten Menschen; vom misslungenen Versuch, in einer Gruppe, Gemeinschaft, Gemeinde Platz zu bekommen ... Und dann denke ich noch an die Menschen, die aus der Gesellschaft der Starken und »Leistungsbereiten« herausfallen, für die es hier keinen Platz gibt: schlechter Ausgebildete, Migranten und Migrantinnen, Alte, Behinderte, Arme ... Weltweit betrifft das ganze Völker, für die in der Gemeinschaft derer, die Anteil haben an Wohlstand und Sicherheit, kein Platz ist ...

Es sind gar nicht so wenige, denen sich die urmenschliche Sehnsucht, Aufnahme zu finden und Platz zu haben in der Gesellschaft, nicht erfüllt. Christus ist einer von ihnen.

Hintergrund

Die Krippenspiele, in denen gerade die Herbergssuche oft ausführlich gestaltet ist, haben im biblischen Text eigentlich eine schmale Basis. Hier heißt es lediglich, dass Josef mit Maria wegen der Volkszählung nach Bethlehem ging und dass sie dort ihren Sohn gebar, ihn in Windeln wickelte und in eine Krippe legte, weil in der Unterkunft kein Platz für sie war (Lk 2,7). Die polternden Gastwirte sind ebenso spätere Ausschmückungen wie Ochs und Esel und der Stall in der Grotte. Sie zeigen aber, dass es quer durch die Jahrhunderte ein Gespür dafür gab und gibt, dass es un(ge)recht ist, Arme und Bedürftige auszuschließen, und dass sich Gott in Christus gerade mit ihnen verbunden hat.

Heute bedenkt das insbesondere eine aus Lateinamerika und anderen Ländern des Südens inspirierte sozial sensible Theologie. Ihre Vision ist »eine Welt, in der alle Platz haben«.

Zur Vertiefung

- Kenne ich mich in der Rolle derer, die vergeblich um Aufnahme bitten? Solches gehört oft zu den besonders schmerzlichen Erfahrungen eines Lebens. Ich brauche meine Betroffenheit davon weder vor anderen noch vor mir selbst zu verstecken.
- Die Situation unserer Gesellschaft, die für immer weniger Menschen gute Plätze oder überhaupt Platz zu haben scheint, bringe ich im Gebet vor Gott.
- Wo ich kann, setze ich mich für Offenheit ein, dafür, zusammenzurücken, damit noch für einen mehr Platz ist – im Zugabteil, in der Firma, am Kantinentisch, bei der Abstimmung über die Zuwanderungsgesetze ...

Das geglückte Modell – Immaculata

Mitten im Advent steht das »Hochfest der ohne Erbsünde empfangenen Jungfrau und Gottesmutter Maria«, allgemein das Fest Mariä Empfängnis genannt, am 8. Dezember. Es feiert, dass Maria vom Anfang ihres Lebens an ohne Erbschuld war. Auf den ersten Blick hat das mit Weihnachten nicht viel zu tun, obwohl die besondere Erwählung Marias als Voraussetzung dafür gesehen werden kann, dass Gott aus ihrem Schoß Mensch wird. So erzählt auch das Evangelium des Festtages von der Ankündigung der Geburt Jesu.

Rechnerisch kommt das Fest deswegen in den Advent, weil der Dezember eben neun Monate vor dem September liegt und das Fest der Geburt Marias am 8. September früher entstand als das Fest der Empfängnis Marias durch ihre Mutter Anna. Nach der Verkündigung des Dogmas der so genannten Unbefleckten Empfängnis Marias im Jahr 1854 wurde dieser alte Feiertag allgemein verbindlich.

Ein schwieriges Fest, mit einem nicht leicht erklärbaren dogmatischen Inhalt, fast wie zufällig in den Advent gestreut – kein Wunder, dass es sich auch dort, wo es noch ein staatlich gebotener Feiertag ist, im Verkaufs- und Einkaufsbedürfnis vieler immer mehr aufzulösen scheint.

Bei der Schriftstellerin Ida Friederike Görres (1901–1971) habe ich einen spannenden Zugang gefunden. Sie eröffnet ihn mithilfe der Bernadette Soubirous, der Seherin von Lourdes, die vor 150 Jahren in ihrer Vision von Maria die rätselhaften Worte hört: »Què soy immaculada Councepcion.« Was Bernadette in ihrem, dem Baskischen verwandten Dialekt vernommen hat, wurde als »Je suis l'Immaculée Conception« in korrektes Französisch übertragen und bei uns als »Ich bin die Unbefleckte Empfängnis« weitererzählt.

Ein seltsamer Satz; grammatikalisch verdreht. Damals wie heute wurde und wird er von vielen auf das nur wenige Jahre vor Bernadettes Visionen verkündete Dogma hin gedeutet. Er wird als Bestätigung dieser kirchlichen Lehre verstanden. Ida Friederike Görres gewinnt ihm noch andere Seiten ab, indem sie bei dem Wort Conception verweilt. Es bezeichnet nicht nur den Vorgang von Empfängnis bzw. Zeugung eines Kindes, sondern das lateinischen Grundwort concipere bedeutet aufnehmen, sich bilden, aufsetzen (ein Dokument), entwerfen. Das taucht dann in unserem gebräuchlichen Fremdwort Konzept wieder auf. Damit meinen wir die Vorstellung von etwas, einen Begriff, einen Entwurf. Eine Künstlerin konzipiert ein Werk; hinter den Taten einer Regierung steht eine großartige oder eine schwache Konzeption; wir machen uns ein Konzept, wenn wir etwas planen und verwirklichen wollen. Zu meiner Matura vor 25 Jahren verwendeten wir eigenes Konzeptpapier, das von den Bögen für die Reinschrift unterschieden war.

Was Bernadette Soubirous gehört hat, könnte also auch heißen: Ich bin das makellose Konzept. Ich bin der gelungene Entwurf. Maria als geglücktes, »meisterliches Modell« des Menschen, mehr noch der ganzen Schöpfung. Ein wesentlicher Strang der Marienfrömmigkeit der Jahrhunderte zielte immer schon genau darauf.

Er hat Maria z.B. mit der biblischen Figur der Weisheit verbunden, die vor Gott gespielt hat vor aller Schöpfung und ihm beim Schöpfungswerk zur Seite stand (Spr 8). Sie verkörpert Gottes Schöpferkraft, durchzieht die Schöpfung und stellt sie dar.

Immer ist Maria dabei auch ein Bild dessen, wozu die Kirche und wozu jede und jeder berufen ist. Maria ist das Vorausbild, in dem sichtbar wird, was die Kirche, was wir schon sind und immer klarer werden sollen.

Zugleich verweist Maria auch zurück auf Eva, die mit Adam das erste Modell des Menschseins bildete, dessen Glanz verloren wurde und mit und in Maria neu und unverstellt aufgeht.

Gemeinsam, so entwickelt Ida Friederike Görres das Bild weiter, verweisen Eva und Maria auf die größere Mutter aller, auf die Erde, die Schöpfung. Von hier zieht sie die Linie zu den alten Kirchengebeten, die die Ankunft Christi »aus der Erde« erbitten, die sich öffnen soll, den Heiland, das Heil hervorzubringen.

So wird Maria – in der lateinischen Bezeichnung für das Dogma – als immaculata conceptio, als geglückter Entwurf zur Erinnerung an die gute Schöpfung Gottes, an die mütterliche Erde, aus der wir geboren sind. Und sie wird zum Hoffnungsbild einer neuen Schöpfung, in der es wieder stimmen wird, dass alles gut ist.

Die klare, glänzende Vorstellung des gelungenen Menschseins und der unverletzten Schöpfung lässt zunächst aber auch die aktuell dunklen

Seiten und tiefen Verletzungen hervortreten. Leben als strahlendes Geschenk zu sehen ist begleitet von der Erfahrung unzähliger, dass Leben eine schreckliche Zumutung ist. Die Welt, in der wir leben, ist nicht die heile Welt, ist kein makelloses Konzept – höchstens seine allzu unvollkommene Umsetzung. Wir warten noch auf die Vollendung des Heils, auf das Offenbarwerden der Neuen Schöpfung, auf die Wiederkunft Christi.

Und so passt das Marienfest plötzlich doch gut in den Advent, in dem wir ja nicht nur der Geburt Jesu entgegengehen, sondern der immer schon auch eine Zeit war und ist, in der wir uns bewusst werden, dass wir auf die Endzeit zugehen. Im Advent beten wir auch um das endgültige Kommen des Herrn, um die Vollendung der Welt. In Maria leuchtet sie bereits auf, uns allen zur Hoffnung: »Der Glanz, der dich umfließet, verkündet uns den Herrn ...« (Lied im katholischen Gesangbuch Gotteslob Nr. 815)

Hintergrund

Im 1854 verkündeten Dogma von der Unbefleckten Empfängnis Marias drückt sich die alte kirchliche Überzeugung aus, dass Gott Maria schon zu Beginn ihres Lebens, von allem Anfang an, berufen hatte, die Mutter des Messias, des Sohnes Gottes zu werden. Diese Erwählung hebt Maria als Erste hinein in den Kreis all derer, die Gott aus der menschlichen Verstrickung in Sünde und Schuld befreit hat. Maria bezeugt Gottes uneingeschränktes Ja zum Menschen. Christinnen und Christen feiern in der Taufe dieses Hineingenommensein in die Wirklichkeit der Erlösung.

Bernadette Soubirous hatte 1858 in der Grotte von Massbielle nahe Lourdes 18 Marienerscheinungen. Die meisten verliefen schweigend, alle begannen mit dem Kreuzzeichen. Was Bernadette danach als Botschaft sagen konnte, betraf das Reich Gottes und die Umkehr als Weg dorthin. Als Höhepunkt der Erscheinungen gilt jene vom 25. März 1858, dem Fest der Verkündigung der Geburt Jesu, an dem sich Maria als die »immaculada Councepcion« zu erkennen gab.

Das Fest der Geburt der Maria wurde wahrscheinlich schon seit dem 5. Jahrhundert gefeiert, seit dem 7. Jahrhundert ist es am 8. September, dem Weihetag der Kirche der heiligen Anna in Jerusalem, der legendären Mutter Marias, nachweisbar. Das um 700 entstandene byzantinische Fest der Empfängnis Marias nahm wohl auf dieses Datum Bezug.

Der Grundgedanke dieser Überlegungen (und auch manche Anregung zur heiligen Barbara und heiligen Lucia, zum heiligen Nikolaus und heiligen Stephanus) stammt aus dem Buch von Ida Friederike Görres: Der göttliche Bettler, Memmingen 1959.

Zur Vertiefung

- Viele Adventlieder sind zugleich Marienlieder, erzählen von ihrem Gehen durch den »Dornwald« oder besingen sie in Bildern wie dem vom Schiff mit seiner Fracht. Bei so manchem alten Text lohnt es sich, ihn als Meditationstext herzunehmen. Dabei kann ich auch mich selbst (oder die Kirche – wobei ich da auch immer selbst mit gemeint bin) in Maria sehen: Durch welche Dornenwälder gehe ich? Was kann ich beitragen, dass es dort heiler wird und die Dornen zu blühen beginnen? Ist das Wort Gottes die Fracht meines Lebensschiffes?
- Ich nehme die Bitte um die Heilung der Schöpfung und die Vollendung der Welt in mein Gebet mit auf.
- Ich überlege, nach welchem Modell von Menschsein ich mein Leben ausrichte.
- Ich mache es mir zur Lebensaufgabe, dass meine Vorstellung von meinem Leben und der Entwurf Gottes für mich immer mehr deckungsgleich werden.

II

Auf dem Weg mit biblischen Gestalten und Heiligen

Die biblischen Texte des Advents sowie der Kalender bescheren uns die Begegnung mit Frauen und Männern, die alle auf je eigene Art mit Gott unterwegs waren. Sie muten uns einiges zu: Umwege zum Heil, Erschrecken und Verstummen vor der Gegenwart Gottes, die Herausforderung, »vorläufig« zu sein; und auch die Themen von Tod und Gericht, aber auch das leuchtende Licht und die brennende leidenschaftliche Liebe. Lassen wir uns von ihnen mitnehmen hinein in die tausendundein Weisen, Gott zu begegnen.

Frauengeschichten – Die Vorfahrinnen Jesu

An dem Stammbaum Jesu ist auffällig, dass sich in der üblichen Reihe von Vätern und Söhnen auch fünf Frauen finden: Tamar, Rahab, Ruth, Batseba und Maria (Mt 1,3.5.6.16). Ihre Erwähnung weckt die Erinnerung an ganz spezielle Geschichten, an Erzählungen, die von der Erhöhung erniedrigter Frauen handeln bzw. von Frauen, deren außergewöhnliches Agieren entscheidend war in der Geschichte Israels. Tamar verschafft sich durch eine im Sexuellen angesiedelte List das Recht, von ihrem Schwiegervater versorgt zu werden. Rahab ist eine Prostituierte, die den Boten der Israeliten bei ihrem Eindringen ins gelobte Land mutig und schlau beisteht. Ruth ist keine aus dem Volk Israel, sondern eine Ausländerin mit einer besonderen Anhänglichkeit zu ihrer Schwiegermutter und deren Gott. Die Frau des Urija, Batseba, wird von König David geholt, ihre Ehe wird gebrochen. Als Mutter Salomos wird sie eine bedeutende Rolle spielen. Und Maria, die als Verlobte schwanger wird und das nicht von dem, dem sie versprochen ist.

All diese Frauen stehen auf die eine oder andere Art außerhalb der geltenden Ordnung und sind dadurch in prekärer Lage, ausgesetzt und auf Hilfe angewiesen. Sie werden so in besonderer Weise zu Repräsentantinnen des jüdischen Volkes, das Unterdrückung und Ungerechtigkeit erfährt, das in seiner Mehrheit ein armes und erniedrigtes Volk ist. Für die Herrschenden und Erhabenen innerhalb wie außerhalb des Volkes sind diese Geschichten gefährliche Erinnerungen an das, was als befreiendes Handeln Gottes am Beginn der Geschichte Israels gestanden hat und worauf die Hoffnung der Armen Jahwes sich beharrlich richtet: dass das Elend und die Erniedrigung von Gott gesehen und gewendet werden – so besingt dann ja auch Maria diese revolutionäre Hoffnung in ihrem großen Lied, dem Magnifikat.

Tamar, Rahab, Ruth und Batseba sind nicht in erster Linie als Prostituierte oder Ehebrecherinnen zu verstehen, sondern wie Maria als solche, die den Mut haben, dem Willen Gottes zu folgen, und sei es auf unüblichen Wegen. Sie werden dadurch zu Heldinnen und Stammmüttern Israels. Die Männer in diesen Geschichten sind aufgerufen einzusehen, dass Gott in diesen Frauen handelt und sie daher Unterstützung statt Verachtung verdienen. Jesus selbst zeigt diese befreiende Handlungsweise in der Art, wie er sich Frauen zuwendet: z.B. wenn er die Samariterin am Jakobsbrunnen (Joh 4,1–42) nicht aus ihren Männerbeziehungen heraus definiert, sondern als Person sieht und ermutigt; oder wenn er sich weigert, bei der Steinigung der Ehebrecherin mitzumachen, und stattdessen den aufgeregten Männern beibringt, dass ihre Sünden nicht weniger schwer wiegen und dass nicht die Strafe, sondern der Neubeginn dem Willen Gottes entspricht (Joh 8, 1–11).

Es lohnt sich jedenfalls auch heute, bei Klatschgeschichten genau hinzuschauen, mit den Betroffenen das Gespräch zu suchen und jenseits von vorschnellen Verurteilungen zu fragen, wohin Gott den Weg weist. Da hat sich z.B. in meinem Freundeskreis ein Ehepaar getrennt. Auf den ersten Blick scheint eindeutig sie schuld zu sein, schließlich hat sie einen neuen Mann. Ein gutes Gespräch mit ihr bringt zutage, was seit langem in der Beziehung schiefgelaufen war und wie ehrlich sie mit sich um diesen Schritt der Trennung gerungen hat. Ihr Exmann bleibt fair, obwohl viele im Umfeld über sie herziehen. Obwohl er die Beziehung gerne noch weitergeführt hätte, gibt er seiner Exfrau nicht die alleinige Schuld am Scheitern. Auf dieser Grundlage von Respekt und Verantwortung können beide für sich nun fragen, was der tiefere Sinn dieser Erfahrung, was Gottes Botschaft darin ist.

Hintergrund

Tamar: Nach dem Tod ihres Mannes steht der kinderlosen Tamar die Verheiratung mit ihrem Schwager zu. Als auch der zweite Mann stirbt, verweigert ihr Schwiegervater Juda Tamar das Recht, auch mit dem dritten Sohn eine Schwagerehe einzugehen. Sie verkleidet sich als Prostituierte, wird von Juda schwanger, kann das anhand eines Pfandes beweisen und erzwingt so ihr Recht auf ein materiell abgesichertes Dasein. (Gen 38)

Rahab: Von ihr erzählt das Buch Josua, Kapitel 2. Sie gibt den Kundschaftern der Israeliten, die nach ihrem Wüstenzug in das verheißene Land kommen, Unterschlupf in der Stadt Jericho und schützt sie vor den Männern des Königs. Bei der Eroberung der Stadt werden sie und alle, die bei ihr sind, verschont.

Ruth: Das biblische Buch Ruth erzählt ihre Geschichte. Noomi wandert mit ihrem Mann Elimelech wegen einer Hungersnot nach Moab aus. Ihre Söhne heiraten im Asylland. Vater und Söhne sterben, Noomi geht zurück in ihre Heimat. Ihre Schwiegertochter Ruth lässt sich nicht davon abhalten mitzukommen. Ihre Heirat mit Boas, einem Verwandten Noomis, ermöglicht ihr und ihrer Schwiegermutter, in Sicherheit zu leben. Dass diese Vorfahrin Davids und Jesu nicht aus dem Volk Israel stammt, wird nicht verschwiegen.

Batseba: Sie ist eine der vielen Frauen Davids. Daran, dass ihr Sohn Salomo Thronfolger wird, scheint sie nicht unbeteiligt gewesen zu sein. David schläft mit ihr, obwohl sie mit seinem Feldherrn Urija verheiratet ist. Um Urija loszuwerden, schickt ihn David an vorderster Front in den Kampf. Der Prophet Nathan hilft David, seine Schuld einzusehen. (2 Sam 11 und 12)

Zur Vertiefung

- Ich suche mit Menschen, über die Klatsch erzählt wird, das Gespräch. Ich will ihre Sichtweise kennen lernen. Ich bemühe mich um Wertschätzung gegenüber jeder Person, auch wenn ich ihr Handeln vielleicht nicht gutheißen kann. Vielleicht können wir gemeinsam auch an unvermuteter Stelle Gottes Wirken entdecken.

Verstummen und loben – Zacharias und Elisabeth

Verflucht sei Gott, der die Welt als sein Spielzeug erschaffen hat,
denn er hat uns vergessen und in Einsamkeit,
Not und Tod zurückgelassen.
Unser Unglück berührt ihn nicht, er ist weit weg und schickt keine Hilfe.
So ist es schon seit Anbeginn; niemand hat von ihm je
etwas gehört oder gespürt;
er spricht nicht zu uns, niemand kommt ihm nahe.
Er überlässt uns unseren Feinden,
wir sind und bleiben denen ausgeliefert, die uns hassen;
er zeigt kein Erbarmen, heute nicht und auch nicht in früheren Zeiten;
er fordert, dass wir nach seinem Gesetz leben,
aber er gibt nie etwas dafür;
wir leben mitten in einer feindlichen Welt,
in der Gewalt und Unterdrückung herrschen;
Gerechtigkeit und Güte sind nur ein schöner Traum.
Und wir, die wir uns »Christen« nennen, Gottes Namen tragen,
jagen einem Wunschtraum nach, der nie in Erfüllung gehen wird;
unser Tun ist auf ewig vergeblich.
Wir werden weder Glück erfahren noch Gemeinschaft;
auf immer sind wir den Urteilen und Vorurteilen anderer ausgeliefert.
Wir sind Gott völlig gleichgültig; er überlässt uns unserer Finsternis;
die ganze Welt bleibt im Dunkel des Todes und der Gewalt;
das Leben ist ein einziger Kampf und die Menschheit watet
durch Ströme von Blut durch alle Zeitalter der Geschichte.

Diesen Text haben mein Mann und ich vor ein paar Jahren für eine Adventbesinnung mit Jugendlichen erarbeitet. Er ist eine negative Nachdichtung, sozusagen unter umgekehrtem Vorzeichen, zum so genannten Benedictus, dem Lobgesang des Zacharias aus dem Lukasevangelium (Lk 1,68–79).

Zacharias singt dieses Lied, um Gott zu loben und zu preisen für die Geburt und die große Sendung seines Sohnes Johannes, den sie später den Täufer nennen werden.

Zacharias und Elisabeth hatten lange und vergeblich auf Kinder gewartet, aber keine bekommen. Da sie als solche beschrieben werden, die »so lebten, wie es in Gottes Augen recht ist« (Lk 1,6), stelle ich mir vor, dass sie irgendwann den unerfüllten Kinderwunsch nicht nur enttäuscht weggesteckt hatten, sondern dass es ihnen gelang, sich mit dieser bleibenden Wunde Gott neu anzuvertrauen und in seinem Dienst Sinn und Erfüllung zu finden. Da bekommen sie plötzlich doch noch ein Kind. Zacharias erfasst das – das Evangelium erzählt, dass ihm ein Engel erscheint –, während er als Priester seinen Dienst im Tempel tut. Auf die Freudenbotschaft hin verstummt Zacharias zunächst, er bringt kein Wort heraus. Er ist stumm.

Vielleicht ist ihm ja zu jedem Jubelruf und jedem Lobpreis Gottes, der sich auf seine Lippen drängen wollte, ein Gegen-Satz eingefallen – wie uns in unserer Arbeit mit den Jugendlichen. Wer jubeln und Gott danken möchte und dabei auch auf die dunkle Seite der Welt schaut, dem können die Worte leicht im Hals stecken bleiben, der kann wie Zacharias verstummen. Da stehen dem gepriesenen Licht und dem Frieden dann Streitereien und Hass gegenüber, Neid und Missgunst im Kleinen wie im Großen. In vielen Familien ist das gerade in der Weihnachtszeit bittere Realität. Und da steht dem Dank für die erfahrene Nähe Gottes die Erfahrung der Gottferne gegenüber, die Verzweiflung im einsamen Krankenbett, die Not der Vergewaltigten, die niemand rettet.

Wer auf diese Seiten der Welt hinschaut – wie kann er noch preisen und danken? Wenn er nicht fluchen möchte, dann wird er wohl stumm wie Zacharias. Vielleicht sind wir Christen auch deswegen oft kaum zu hören mit unserer Botschaft vom tieferen Sinn der Weihnacht, weil sie uns angesichts der Weltlage eben nicht so selbstverständlich über die Lippen kommen will. Was bringt Zacharias dazu, seinen Mund wieder aufzumachen und Gott dann doch aus vollem Hals zu loben?

Sicher nicht das Wegschauen, das Wegschieben des Schlimmen nach dem Motto: »Aber heute wollen wir fröhlich sein«. Auch keine naive Haltung, die sagt: »Es wird schon was Gutes herauskommen«. Und wohl auch keine falschfromme Weichzeichnerbrille.

Nein, ich stelle mir Zacharias als einen vor, der den Mut hatte, genau hinzuschauen, und der sich aus dem Blickwinkel seines festen Glaubens so lange der Welt auch in ihrer dunklen Seite zuwandte, bis er ganz tief in sie hineinschauen konnte und dort Namen und ihre Botschaften aufleuchten sah: Johannes – Gott ist nahe; und auf dem von ihm gebahnten Weg: Jesus – Gott rettet.

Als Zacharias darauf besteht, dass es dieser Name Johannes für sein Kind sein soll – inmitten einer dunklen Welt –, da kann er wieder reden und sein Mund geht über im endlich befreiten Lobpreis.

Nicht jede, die verzweifelt, und nicht jeder, der den Unfrieden erfährt, wird diesen Weg des Zacharias bis zum Ende mitgehen können. Vielleicht ist es ein erster Schritt, Gott zumindest einmal die Wut und Enttäuschung entgegenzuschleudern; und vielleicht ein nächster, das Schweigen und die Stummheit auszuhalten. Mag sein, es kündigt sich dann irgendwann einmal, nach langem Warten, doch eine Geburt an – guter Hoffnung – der Nähe Gottes ...

Hintergrund

Das Benedictus wird im kirchlichen Stundengebet jeden Morgen in der so genannten Laudes gebetet.

Die Geschichte von Elisabeth und Zacharias findet sich im Lukasevangelium (Lk 1,5–25 und 1,57–80).

Elisabeths Name bedeutet auf hebräisch: Mein Gott ist Fülle. Denselben Namen trägt in der Bibel noch die Frau des Aaron und Schwägerin der Mirjam (Ex 6,23).

Kinderlosigkeit ist in der Bibel ein Übel und schweres Leid. In Kindern zeigt sich der Segen Gottes in besonderer Weise. Das Lukasevangelium betont, dass Elisabeth und Zacharias gut und rechtschaffen waren, ihre Kinderlosigkeit ist also keine Strafe. Kinderlose wurden sozial oft abgewertet. Dass die Kinderlose gebären wird, gehört zu den biblischen Hoffnungsbildern (z.B. 1 Sam 2,5; Ps 113,9).

Der Name des Zacharias bedeutet: Gott hat sich erinnert. Er war Priester am Tempel in Jerusalem. Der Priester erteilte Orakel, lehrte die Tora, die Weisungen Gottes, und übte den Kult aus. Die Priester kamen aus bestimmten Familien und waren in 24 Klassen eingeteilt. Die Gruppe Abija war die achte Dienstklasse oder Wochenabteilung dieser 24 priesterlichen Dienstordnungen (vgl. 1 Chr 24,10), die zwei- bis dreimal jährlich je eine Woche im Tempel Dienst taten. Die einzelnen Dienste bestimmte das Los.

Zur Vertiefung

- Wie steht es bei mir in diesem Advent: Ist mir eher danach, Gott zu danken, oder bin ich enttäuscht, vielleicht sogar wütend auf Gott? Oder geht mir Gott weder so noch so nahe? Wünsche ich mir die Nähe Gottes?
- Wenn sich uns große Lebenswünsche nicht erfüllen, sind wir mit unserer Machtlosigkeit konfrontiert und mit der Herausforderung loszulassen. Es ist eine hohe Kunst (und eine Gnade), in einer solchen Situation einfach zu versuchen, so zu leben, wie es in den Augen Gottes wohl recht ist – und es sich daran genug sein zu lassen.

Bekennen und vorausgehen – Johannes der Täufer

»Ich bin die Stimme, die in der Wüste ruft: Ebnet den Weg für den Herrn!, wie der Prophet Jesaja gesagt hat.« (Joh 1,23, vgl. auch Jes 40,3) Ein Rufer in der Wüste zu sein – da denke ich zunächst an keine besonders attraktive Aufgabe, sondern eher an einen, der einsam mahnt und warnt, der an unangenehme Wahrheiten erinnert oder Schlimmes voraussieht; der gar nicht oder nur von wenigen gehört wird und der oft seinen Kopf hinhalten muss und nicht selten der Dummheit oder Machtbesessenheit Stärkerer zum Opfer fällt.

Ein solcher Rufer ist Johannes der Täufer. Er gehört zu den adventlichen Gestalten, weil er als Vorläufer am Beginn des öffentlichen Wirkens Jesu steht und auf ihn hinweist. Deshalb ist im Advent auch von ihm die Rede. Auch Johannes zeigt, wie Menschsein aus der Hoffnung auf Gott aussehen kann.

Der unangenehme Mahner als Modell gelungenen Lebens? Gewiss hat Johannes etwas Herbes und Ernstes. Auf vielen Darstellungen sieht man ihn als wilden Mann mit wirren Haaren und nur mit einem Schaffell bekleidet. Das Establishment seiner Zeit scheint er beunruhigt zu haben; die Behörden in Jerusalem können ihn offenbar nicht so recht einordnen und schicken eine Delegation (vgl. Joh 1,19–28). Sie wollen wissen, wer der ist, dieser Johannes, der in der Wüste zurückgezogen lebt und dennoch immer mehr Zuhörerinnen und Anhänger hat. Er ruft zur Umkehr auf und tauft, als stünden große Dinge bevor.

Vielleicht hat diese Abgesandten der geistlichen Führerschaft ja etwas von der Aufregung erfasst, die wohl viele von denen verspürt haben, die mit Neugier und Hoffnung da hinausgezogen sind, um den neuen Prediger zu hören. Aber der hat mehr und anderes zu bieten als die Befriedigung eines religiösen Bedürfnisses nach erhabenem Schauer. Er stellt gleich klar: »Ich bin nicht der Messias.« Er widersteht der Versuchung, sich für größer zu halten, als er ist; er widersteht der verführerischen Frage derer, die gerne jemanden anhimmeln möchten.

Er sagt über sich selbst: »Ich bin die Stimme, die in der Wüste ruft«, und er borgt sich damit ein Bild, das der Prophet Jesaja lange vor ihm verwendet hat. Dieser Rufer in der Wüste, der dazu aufruft, Gott die

Wege zu ebnen, der ist bei Jesaja ganz und gar keine harte oder muffige Gestalt; kein Fortschrittsbremser oder gar Spielverderber. Der entsprechende Abschnitt im Buch Jesaja (Kapitel 40) erzählt vom Trost für das Volk, von Freude über eine Zeit der Wiederkehr aus dem Exil, eine Zeit der Gerechtigkeit und des Friedens, eine Zeit voller Hoffnung.

Als dieser Rufer in der Wüste sagt Johannes den Menschen, dass mehr und anderes möglich ist als die von der großen Weltmacht vorgegebene Ordnung, die Frieden sagt und Unterdrückung ausübt; mehr und anderes als der Abschied von den eigenen spirituellen Wurzeln angesichts einer religiös vielfältiger gewordenen Gesellschaft; mehr und anderes als das Pendeln zwischen alltäglichem Trott und angestrengter Belustigung.

Johannes sagt: Gott bleibt der Verheißung treu; er sagt: Der Messias ist schon unter euch. Er sagt: Es lohnt sich, diesem Gesandten Gottes den Weg zu ebnen in der Gesellschaft, in der religiösen Gemeinschaft, im eigenen Leben. Es geht dabei nicht um unsympathische Kasteiung, sondern um trösten, sich freuen, gerecht sein und Frieden stiften.

Zu diesem Rufer in der Wüste sind nicht umsonst viele geströmt und haben sich anstecken lassen von seiner Hoffnung und seiner Freude, die ein gewisser herber Ernst nicht stört, sondern nur noch fundiert.

Johannes also doch als Wegweiser für gelingendes Menschsein? Zwei Anregungen für dieses Gelingen sehe ich hier insbesondere: bekennen und vorausgehen. Johannes bekennt, was er nicht ist – er tritt nicht an Gottes Stelle, erliegt nicht dieser uralten Versuchung; und er bekennt, was er ist – er bekennt sich zu seiner Vorläufigkeit. »Vorläufer«, so wird Johannes in der Tradition auch oft genannt. Nicht nur die Nachfolge ist also Modell gelungenen Lebens, sondern auch das Vorausgehen, Vorläufer zu sein – Gott die Bahn zu ebnen, wie die Vorläufer beim Skirennen. Das kann z.B. bedeuten: mit einem guten Gespräch den Weg bereiten, damit Vertrauen entstehen kann auf den Segen Gottes; oder: konkret Not lindern oder Ungerechtigkeit bekämpfen und damit helfen, dass jemand den Blick auf Gott wieder freibekommt – auch wenn solche Bemühungen oft nur vorläufig und gering erscheinen mögen.

»Vorläufig« ist auch die Avantgarde, sind die, die Neues schon erproben, wenn die Mehrheit noch im Alten verharrt. Vorläufer sind auch die, die mutig vorausgehen, wo der Rest noch zögert. Oft werden sie dafür gescholten, dass ihre Versuche noch unausgegoren sind; ebenso oft ist es aber genau diese Vorhut, die mit ihrem vielleicht noch ein wenig unbeholfenen oder zunächst etwas übertriebenen Beginnen den Weg ebnet für eine wichtige Entwicklung, die erst später auf breiter Basis sich entfalten wird.

Johannes weiß, dass er nur mit Wasser tauft, aber er weiß auch, dass nach ihm einer kommt, der das Große und Ganze vollbringen wird. Und dieses Wissen macht sein vorläufiges Tun sinnvoll.

Johannes strebt nicht danach, selbst Endgültiges zu vollbringen. Er geht voraus und verweist damit auf einen anderen. In einer Zeit, in der sich jeder möglichst gut präsentieren muss, in einer Zeit des Selbst-Stylings und der Self-Performance – da wirkt dieses Einverständnis in die eigene Vorläufigkeit provokant. Es ist ja auch der Zuruf von einem, der sich dem gesellschaftlich Üblichen verweigert hat und in die Wüste hinausgegangen ist, um dort den Weg für einen anderen vorzubereiten: in aller Vorläufigkeit und doch im Bekenntnis zu der freudigen Hoffnung, dass der, der tröstet und vollendet, sicher kommt.

Hintergrund

Johannes der Täufer ist eine auch außerbiblisch nachweisbare historische Gestalt: Auch der jüdische Geschichtsschreiber Josephus Flavius (ca. 38–100) berichtet von ihm. Seine Botschaft und Lebensführung stehen in der Tradition der biblischen Propheten. Er stellte sich als solcher gegen Herodes Antipas, den vom römischen Imperium kontrollierten lokalen Potentaten. Herodes ließ Johannes festnehmen und hinrichten. Die biblische Erzählung hebt die Kritik des Johannes an der Ehe zwischen Herodes und seiner Schwägerin Herodias hervor und stellt seinen Tod als Folge einer Intrige seiner Frau dar. Theologisch ist Johannes vor allem als Wegbereiter des Wirkens Jesu bedeutsam.

Zur Vertiefung

Auch in unserem Alltagsleben sind wir oft nicht die Hauptakteure, obwohl es doch sehr menschlich ist, im Mittelpunkt stehen zu wollen.

- ▶ Wie geht es mir damit, »vorläufig« zu sein? Und: Wie gehe ich mit dem um, was Vorläufer vor mir schon hinterlassen haben?

- Wird mein Beitrag zur Teamarbeit, zur Familie, im Freundeskreis gesehen und geschätzt? Kann ich schätzen, was andere auf dem aufbauen, was ich getan/geleistet habe?
- Fällt es mir leicht oder schwer, die Kontrolle über das, was ich begonnen habe, aus der Hand zu geben?
- Wann stelle ich mich zu sehr, wann zu wenig ins rechte Licht, in den Mittelpunkt? Welche dieser beiden Versuchungen ist für mich die größere?
- Wo habe ich den Mut, etwas Neues zu leben, was gegen den geltenden Trend steht?

Stärkung für den letzten Schritt – Die heilige Barbara

Der Advent bietet uns nicht nur liebliche Geschichten von Schwangerschaft und Geburt, Engeln und friedlichen Hirten, von Heil und freudiger Erwartung. Der Advent hat auch eine dunkle Seite. Er konfrontiert uns in den Bibeltexten der Gottesdienste wie in mancher Heiligengestalt auch mit Bildern vom Weltende, von den letzten Dingen, von dem, was die Theologie in der so genannten Eschatologie bedenkt: das, was wir für unser persönliches Ende, aber auch für die Vollendung der Welt erwarten können. Und nach alter Vorstellung ist das nicht nur schön; immer wieder wurde da auch der Weltuntergang ins Bild gebracht – die Evangelien berichten, dass das endzeitliche Kommen des Menschensohns auch von großen Erschütterungen und Naturkatastrophen begleitet sein wird (vgl. die Reden über die Endzeit: Mt 24,1–25,46; Mk 13,1–37; Lk 21,5–36).

Die heilige Barbara, deren Festtag in den Beginn des Advents fällt, gilt als eine, die auch in solchen Nöten helfen kann: Sie wurde und wird bei Unwettern angerufen, bei Blitz und Hagelschlag, beim plötzlichen Tod.

Dabei entkam sie selbst dem gewaltsamen Tod nicht. Barbara zählt zusammen mit Margarete und Katharina und auch mit Dorothea, Lucia, Agatha und Cäcilia zu jenen frühchristlichen Jungfrauen, die als tapfere Märtyrerinnen starben. Mehr oder weniger klar und belegt sind ihre historischen Wurzeln, vieles ist Legende, die weitererzählt und ausgeschmückt wurde. Gemeinsam ist diesen Frauen das Grundmotiv der schönen und klugen Frau, die gegen ihren Willen verheiratet werden soll, um ihr die Flausen auszutreiben, die diese neue Religion, das junge Christentum, ihr in den hübschen Kopf gesetzt hat. Aber die Männer vermögen nichts gegen diese glaubensstarken Frauen. Mauern und Türme, Felsspalten und irdische wie überirdische Kräfte kommen ihnen zu Hilfe. Zuletzt können die Männer nichts anderes, als diese Frauen zu vernichten, die sich keinem Mann unterwerfen, weil sie längst zu Gott gehören. Barbara, für die sich nach der Legende der Turm, in dem sie eingesperrt war, neigte, sodass sie durchs Fenster entkommen konnte, wurde schließlich von ihrem Vater geköpft – den daraufhin der Blitz getroffen haben soll.

Die christliche Kunst zeigt Barbara nicht nur mit dem Turm, oft auch mit Kelch und Hostie – vielleicht, weil mittelalterliche Monstranzen oft die Form eines Turms hatten. Mag sein, dass so auch die Legende entstand, sie habe einem, dem es sein Bruder verweigerte, dennoch den Leib Christi als letzte Wegzehrung im Sterben gebracht, oder dass daher der Glaube kam, wer sie anrufe, werde eine gute Sterbestunde haben.

So passt sie eigentlich nicht schlecht in den Adventsbeginn mit seiner Mahnung an das Weltende und den eigenen Tod, diese heilige Barbara mit ihrer Erinnerung an den Untergang des Menschlichen in Gewalt und der angemaßten Herrschaft von Männern über Frauen, von Menschen über Menschen, und mit ihrer Verheißung eines guten, begleiteten, von der Gegenwart Gottes umfangenen Übergangs.

Der Weg des Advents geht auf Bethlehem zu. Bethlehem heißt Haus des Brotes. Barbara ist eine Zeugin der Leben schaffenden Kraft des Brotes von Bethlehem, das uns helfen will, der Gewalt zu widerstehen, und das in uns eine Hoffnung nähren will, die über das Ende weit hinausgeht. »Wenn das beginnt, dann richtet euch auf und erhebt eure Häupter, denn eure Erlösung ist nahe.« (Lk 21,28)

Hintergrund

Barbara kam wahrscheinlich aus Nikomedien in der heutigen Türkei und lebte wohl um das Jahr 300. Nach den zahlreichen Legenden wurde sie von ihrem Vater ihrer großen Schönheit wegen in einem Turm versteckt. Sie war Christin und ließ drei oder ein drittes Fenster in den Turm einbauen – als Symbol der Dreifaltigkeit. Ihr Vater wollte ihr das Christsein austreiben und sie an einen Nichtchristen verheiraten. Als sie sich weigerte, wurde der Turm endgültig zum Gefängnis. Er soll sich aber geneigt haben, sodass Barbara entkommen konnte. Manchmal wird auch erzählt, auf der Flucht habe eine Felsspalte sie aufgenommen, sodass sie nicht gefunden wurde. Ein Hirt habe sie dann aber verraten. Sie überstand viele Martern und wurde schließlich von ihrem Vater eigenhändig enthauptet.

Barbara wurde bald zu einer vielfach verehrten Heiligen, auch in der Ostkirche. Im 14. Jahrhundert wurde sie in den Bergbauregionen von Böhmen, Schlesien und Sachsen besonders verehrt, in der Barockzeit griff das auf die Bergbaugebiete in den Alpen über. Bis heute wird Barbara als Patronin der Bergleute angesehen. Gemeinsam mit Katharina und Margareta bildet sie die Gruppe der »drei heiligen Madeln« innerhalb der so genannten 14 Nothelfer (Heilige, die besonders in großen Notsituationen angerufen werden).

Der Barbaratag war im Mittelalter ein Tag für die Zukunftsschau. Bis heute werden an diesem Tag Zweige geschnitten, die dann zu Weihnachten blühen sollen als Symbol der christlichen Hoffnung; im Volksbrauch auch als Hinweis auf eine bevorstehende Hochzeit, wenn die Knospen wirklich rechtzeitig aufgehen.

Zur Vertiefung

Heiligenlegenden sind oft voll von archetypischen Bildern, in die wir eingeladen sind, uns selbst hineinzuversetzen. Darin sind diese Legenden auch den Märchen verwandt.

- Der Turm der Barbara kann mir zum Symbol werden für eigene »Gefangenschaft« leiblicher, geistiger oder seelischer Art: Was hält mich gefangen? Woraus möchte ich ausbrechen?
- Aber auch andersherum: Wen halte ich gefangen? Wen kann ich nicht loslassen? Wen verfolge ich mit beständiger Kontrolle? Bei wem tue ich mich schwer, ihn oder sie eigene Wege gehen zu lassen, die mir vielleicht suspekt sind?
- Kann ich in den Turm meiner Gefangenschaft ein »Trinitätsfenster« brechen? Etwa durch regelmäßiges Gebet? Welches »Fenster« öffnet mir den Blick auf Gott?
- Habe ich Vertrauen auf Gottes Hilfe in der Not? Oder fühle ich mich von ihm allein gelassen, den Peinigern überlassen, ohne dass ein Wunder geschieht?
- Was könnte mich stärken für den letzten Schritt, für den guten Übergang? Was könnte mir helfen, mein Haupt zu erheben?

Sehnsucht nach dem Gericht – Der heilige Nikolaus

Vor dem Nikolaus sollte sich kein Kind mehr fürchten. Nach diesem Motto ist in den letzten Jahren viel Gutes getan worden, um einer schwarzen Pädagogik, die mit Drohungen und Angst große Schäden in zu vielen Kinderseelen angerichtet hatte, einen Riegel vorzuschieben. Die Tanten in den Kindergärten, in die der Nikolaus kommt, Nikoläuse, die von Pfarren gegen Vorbestellung ausgeschickt werden, und unzählige Behelfe für Familienfeiern sprechen nicht mehr von Lohn und Strafe. Sie verwenden den Heiligen nicht mehr als Lückenbüßer, der zum Einsatz kommt, wenn die erzieherische Fantasie nicht mehr reicht, um Kinder zu motivieren. Und sie stellen nicht mehr das »Bravsein« als erste und einzige Kindertugend in den Raum. Hier ist zu Recht und hoch notwendig schon viel erreicht worden. Fast immer kommt der Nikolaus in dieser hellen Pädagogik dann auch alleine, ohne Knecht Ruprecht oder Krampus (wie sein Begleiter in Österreich heißt) mit ihren bedrohlichen Ruten, Masken und Ketten.

Nur in manchen Dörfern machen sich junge Burschen noch immer einen Spaß daraus, in der Deckung der alten Kostüme brave Bürger und vor allem Mädchen zu erschrecken. Ansonsten scheint von den früheren Schrecknissen nur noch geblieben zu sein, dass man zur Krampusparty in Rot und Schwarz kommt, den Farben der dunklen Macht und der Rache, der Hölle.

Vom Gericht, dem Gericht Gottes, dem Jüngsten Gericht, ist heute auch abseits vom Nikolaus kaum mehr die Rede. Seit das Christentum – leider in vieler Hinsicht zu Recht – als Drohbotschaft in Verruf kam, ist es nicht leichter geworden, sich diesem schweren theologischen und spirituellen Thema in rechter Weise anzunähern. Als schlechte Erziehungsmaßnahme im Dienste einer allzu oft fantasielosen und unterdrückerischen Obrigkeit war die Lehre vom Letzten Gericht nämlich noch nie wahr. Und doch war und ist das Gericht ein fester Bestandteil unseres Glaubens und ein, wie mir scheint, wichtiges Element christlicher Spiritualität. Drei Annäherungsversuche dazu:

Der erste: In einem Buch von Henri Nouwen, in dem er von Erfahrungen aus einer mehrmonatigen Auszeit in einem Trappistenkloster berichtet, lese ich in einer kleinen Notiz von der Sehnsucht nach dem Gericht. Ich verstehe das als die Sehnsucht danach, dass offenbar wird, wie es im Tiefsten und im Letzten um uns steht. Nicht aus Unsicherheit oder Selbstzweifel, sondern im Wissen darum, dass wir uns die letzte Wahrheit nicht selbst sagen können. Der klare Blick Gottes auf uns reicht tiefer als unsere Selbsterkenntnis. Und dieser Blick Gottes ist immer ein liebevoller.

Der zweite: Eine meiner Freundinnen hat einmal auf einer gemeinsamen Reise auf die Philippinen als Reflexion der dort gemachten Erfahrungen mit der Kirche der Armen eines ihrer Gottesbilder gemalt: Es zeigte Gott als eine gerechte Richterin. Diese Richterin hatte vier Arme, einen bergend-schützenden, einen, mit dem sie Recht spricht und Klarheit schafft, einen, mit dem sie hilft und tröstet, und einen, mit dem sie segnet. Meine Freundin hat in dieser Gottesvorstellung die richterliche Eigenschaft Gottes wiedergewonnen und zugleich transformiert. Hier ist sie nicht mehr unterdrückend und drohend, sondern ein Bild für Orientierung, Klarheit und Gerechtigkeit und ebenso für Hilfe, Trost, Schutz und Segen. Wobei das Helfend-Bergende überwiegt und doch auch der Aspekt, dass das Recht und Unrecht beim klaren Namen zu nennen sind, nicht ausfällt.

Der dritte: Vor Kurzem hörte ich Kardinal Christoph Schönborn in einer Katechese über das Gericht sprechen. Er sprach unter anderem davon, dass zwischen der dunklen Möglichkeit von ganz bösen Menschen und jenen, die es schon auf Erden zur vollkommenen Heiligkeit bringen, die normale Existenz liege, auch seine eigene. Er hoffe, ehrlicherweise sagen zu können, dass er nicht völlig der Liebe entgegenstehe, und zugleich wage er nicht zu behaupten, sie schon ganz zu verwirklichen. Noch mehr als seine Worte hat mich an dieser Stelle eine Geste beeindruckt: Unwillkürlich griff der Kardinal bei dem Versuch, sich selbst einzuschätzen im Blick auf das Gericht, nach dem Kreuz vor seiner Brust. Eine berührende Geste mit Symbolwert: mich am Kreuz Jesu festhalten, wenn es gilt, der Wahrheit meines Lebens in die Augen zu schauen …

Immer dürfen wir beim Gedanken ans Gericht auf Gottes Gnade und Barmherzigkeit hoffen, also darauf, dass sich Gott uns in unserer Bedürftigkeit hilfreich zuwendet. Und wir dürfen auch annehmen, dass sich Gott mit uns über alles Gelungene in unserem Leben freuen wird. Auf dieser Basis, so hoffe ich, werde ich dann auch die ganze Wahrheit meines Lebens ertragen können, mit aller Schuld und allem Versagen. Vielleicht heißt Gericht ja, dass Gott sich mit mir hinsetzt und mir hilft, in Ruhe ehrliche Rückschau zu halten. Dabei wird mir nichts erspart bleiben, keine noch ausständige Versöhnung und auch nicht die letzte Einsicht in die unendliche Größe der Liebe Gottes zu mir und allen anderen. So hoffe ich, zuletzt getröstet aus dem Gericht gehen zu können ins ungetrübte Fest. Mag sein, dass die Krampusparties wie die Süßigkeiten aus dem Sack des Nikolaus ein klitzekleiner Vorgeschmack davon sind.

Hintergrund

Nikolaus von Myra (heute Demre in der Türkei) ist einer der beliebtesten Heiligen, obwohl er nicht historisch klar bezeugt ist. Insbesondere in der Ostkirche wird er stark verehrt. Wahrscheinlich war Nikolaus im 4. Jahrhundert Bischof in Myra. Um ihn ranken sich viele Legenden, die zumeist damit zu tun haben, dass er Armen und Bedrängten hilft. Oft spielt die Zahl Drei dabei eine Rolle (drei goldene Kugeln für arme Mädchen, drei gerettete Jünglinge usw.), was als Hinweis auf die durch Nikolaus wirkende Dreifaltigkeit gedeutet wurde. So konnte er dann auch erstens in seiner richterlichen Eigenschaft und seinem weißen Bart, zweitens in seinem bischöflichen Auftreten als Hirte und drittens in seiner gnadenvollen Zuwendung und seinem Verteilen guter Gaben als Abbild von Vater, Sohn und Heiligem Geist gesehen werden (vgl. Ida Friedericke Görres).

Dass der Nikolaus den Kindern Geschenke und Süßigkeiten bringt, wird einerseits aus den Legenden herkommend erklärt. Andererseits dürfte es mit dem mittelalterlichen Brauch zu tun haben, dass in den Klosterschulen einmal im Jahr ein Schüler die Funktion des Abtes oder Bischofs einnahm. Zunächst wurde das am Tag der Unschuldigen Kinder so gehalten, ab dem 14. Jahrhundert war der Nikolaustag der Kinderbischoftag. Der Kinderbischof durfte die Erwachsenen examinieren und es sich und den anderen Kindern einmal richtig gut gehen lassen. Die Sitte, dass Nikolaus nach guten und schlechten Taten fragt, könnte auch mit dem früher für diesen Tag vorgeschriebenen Evangelium von den

Talenten und der über sie geforderten Rechenschaft in Zusammenhang stehen (Lk 25,15–23).

Ins Brauchtum mischen sich auch jahreszeitlich bedingte Aspekte. Nikolaus kommt als gütige Gestalt zusammen mit seinem Knecht Ruprecht bzw. dem Krampus oder Klaubauf, die den Schrecken verkörpern und sich vielleicht von alten Gottheiten oder Wintergeistern herleiten. Hier verschmolz die Nikolauseinkehr mit älteren lärmenden Umzügen Vermummter, die wohl mit den längsten Nächten zu tun haben.

Martin Luther ersetzte die Beschenkerfigur durch den »Heiligen Christ«, der ebenfalls Gaben in die Häuser brachte. Hier ist eine der Wurzeln der Christkindbräuche zu suchen. Heute ersetzt der »neutrale« Weihnachtsmann vielfach den bischöflichen Nikolaus.

Die Notiz von Henri J. M. Nouwen findet sich in seinem Buch: Ich hörte auf die Stille. Sieben Monate im Trappistenkloster, Freiburg 1978, auf Seite 181.

Zur Vertiefung

- Am Abend des Tages schaue ich auf mich und mein Leben. Dabei versuche ich, mich in den unerschütterlich liebevollen Blick Gottes einzuüben.
- Ich finde drei Erfahrungen eines Tages, für die ich dankbar bin; zwei Momente, in denen ich gut handeln konnte und von denen ich mir vorstellen könnte, dass Gott sich mit mir darüber freut; und eine Eigenschaft oder Verhaltensweise, die heute zutage getreten ist, die ich Gott bitte, von mir zu nehmen. In dieser Reihenfolge und Anzahl!

Licht bringen – Die heilige Lucia

Mancherorts sind sie noch lebendig, die Lucienbräuche. Insbesondere in Schweden wurde und wird der Tag der heiligen Lucia mit zahlreichen Volksbräuchen gefeiert. Am auffälligsten ist der des Mädchens, das mit einem Lichterkranz gekrönt durch die Straße geht und Süßigkeiten und Bier verteilt. Unbeschadet aller naturreligiösen und der Sonnenwende geschuldeten Elemente in diesem Brauchtum erscheint Lucia mitten im Advent als Vorbotin des Lichts der Weihnachtsnacht. Oft wird sie auch mit einer Lampe in der Hand dargestellt. Die Jahreszeit kommt uns auf der nördlichen Halbkugel der Erde ein wenig zu Hilfe, um das Geheimnis der Weihnacht besser zu verstehen. In dieser dunkelsten Zeit im Jahr haben Menschen wohl immer schon die Wiederkehr des Lichts besonders gefeiert und sich hineingestellt in den großen Kreislauf von Wachsen und Vergehen, Dunkelheit und Licht, Absterben und Neubeginn. Wie in der Mitte der Nacht der neue Tag beginnt, so wendet sich in der Mitte der Finsternis der Lauf der Sonne, und ein neuer Fruchtbarkeitszyklus setzt ein.

Christus, das Licht der Welt, nimmt diese Natursymbolik in sich auf und wendet sie. Weihnachten feiert das unverlierbare Licht, das über allen Menschen aufgegangen ist, den Anbruch eines Tages ohne Finsternis.

Noch sind wir als Menschen gebunden an den Kreislauf der Jahreszeiten, doch er ist im Glauben keine ewige Wiederkehr des Gleichen, kein Sichdrehen am Platz. Das Mitgehen mit den Rhythmen der Natur verbindet sich im Judentum und Christentum mit dem Weg, den Gott mit seinem Volk durch die Geschichte geht. Und der hat ein Ziel, das uns in Gottes Menschwerdung, in Jesu Leben, Tod und Auferstehung verbürgt ist. Mystiker und Mystikerinnen haben es das Eingehen ins Licht genannt: In Deinem Licht schauen wir das Licht (Ps 36,10). Licht werden und Licht bringen: Die kleine Lucia, der Legende nach ein junges Mädchen, macht es uns vor. Sie hütet ihr Licht auch im Brausen der Gewalt und sie trägt es zu den Menschen. Ein Vorschein des unvergänglichen Lichts.

Hintergrund

Lucia ist eine historisch verbürgte Märtyrerin aus Syrakus auf Sizilien zur Zeit der Christenverfolgung unter Kaiser Diokletian im 3. Jahrhundert. Um ihr Leben ranken sich zusätzlich viele Legenden. Demnach erschien ihr in einer Vision die heilige Agatha, und sie weihte sich einem jungfräulichen Leben. Ein enttäuschter Freier verklagte sie als Christin. Sie überstand mehrere Foltern und wurde schließlich durch ein Schwert getötet. Lucia findet sich ab dem 5. Jahrhundert in allen Martyrologien und wurde seit Papst Gregor dem Großen (540–604) im Messkanon angerufen.

Da ihr Festtag vor der gregorianischen Kalenderreform auf den kürzesten Tag und die längste Nacht fiel, zog sie viele alte Sonnwendbräuche an sich und verschmolz teilweise mit den Perchten, mythischen Figuren der Mittwinterzeit, deren Brauchtum bis heute insbesondere im Alpenraum noch lebendig ist, oder mit der weißen Frau, die als Lichtgestalt verehrt wurde. Der Name Lucia wurde dazu passend auf Lux, Licht, hin gedeutet. Dabei gingen viele naturreligiöse Elemente in die Luciatraditionen ein: Festzüge, Räuchern, Wahrsagen, Umzüge von Mädchen, die Süßigkeiten verteilen als Vorzeichen der wiederkommenden Fruchtbarkeit und Bier oder Weinsuppe als Stärkung in der kalten Zeit usw.

Zur Vertiefung

- Ein schöner Text von Marianne Williamson, den Nelson Mandela in seiner Antrittsrede als Präsident der Republik Südafrika 1994 zitierte, fordert uns dazu auf, keine Angst davor zu haben, unser Licht scheinen zu lassen. Wir halten nämlich oft unsere Kräfte zurück, anstatt sie freimütig einzusetzen, weil wir niemand erschrecken wollen und weil wir uns nicht aussetzen wollen. Dabei hat und ist jede und jeder ein Licht: angezündet, um für alle zu scheinen. In dem Text heißt es z.B.: »Es ist unser Licht, nicht unsere Dunkelheit, wovor wir uns am meisten fürchten. ... Du bist ein Kind Gottes. Dich klein zu machen nützt der Welt nicht. ... Das ist nicht nur in einigen von uns, er ist in jedem. Und wenn wir unser Licht leuchten lassen, geben wir damit anderen die Erlaubnis, dasselbe zu tun.«
- Was sind meine Stärken? Und was hindert mich, sie zum Wohle anderer und meiner selbst (noch mehr) ins Spiel zu bringen?

Vor Liebe brennen – Das Hohelied

»Da ist die Stimme meines Liebsten! Ja! Er kommt! Springt über die Berge, läuft über die Hügel. Einer Gazelle oder einem jungen Hirsch gleicht mein Geliebter. Und da steht er hinter unserer Mauer. Sieht durch Fenster, blickt durch Gitter. Und er, mein Geliebter, beginnt und spricht zu mir: Steh auf, meine Freundin, und geh! Meine Schöne, geh, geh los! Denn sieh! Der Winter ist gewichen, der Regen ist vergangen, selbst er ging. Blüten lassen sich sehen auf Erden, die Zeit des Liedes ist da, in unserem Land lässt sich die Stimme der Taube hören. Die Feige hat Farbe bekommen und blühende Reben duften. Steh auf, meine Freundin, und geh! Meine Schöne, geh, geh los! Meine Taube in Felsenschluchten, im Versteck des Abhangs, lass mich dein Erscheinen sehen, deine Stimme hören. Ja! Deine Stimme tut wohl, dein Erscheinen ist wunderbar.« (Hld 2,8–14)

Diese Sätze stehen in der Bibel. Sie entstammen dem so genannten Hohelied oder Lied der Lieder, einem der Bücher des Alten Testaments, in dem Gedichte und Lieder in der Art orientalischer Liebeslyrik versammelt sind. In mehreren Anläufen besingen sie eine sinnliche Liebe im Frühling. Als Teile der Bibel legen sie Zeugnis davon ab, dass Gott auch in solcher Liebe begegnet und dass das sinnliche Liebesspiel ein Sinnbild für Gottes Zuwendung zu uns Menschen sein kann. In der Auslegungsgeschichte der Bibel wurden diese Liebeslieder auch als Zwiegespräche zwischen Gott und der Seele gelesen.

Im Advent begegnet das Hohelied der Liebe, und zwar die oben zitierten Sätze, als Lesungstext drei Tage vor Heiligabend. Das freudige Werben und Suchen nach dem Geliebten, das hier besungen wird, passt zu der sich steigernden freudigen Erwartung der Ankunft des Messias. Wir dürfen Jesus erwarten, suchen und umwerben wie einen heiß Geliebten, und wir dürfen uns von ihm gesucht und umworben wissen wie von einem, der heiß liebt.

Vielleicht ist das für manche ungewohnt und irritierend, vielleicht ist es für manche anstößig; gewiss für die, die viel Leibfeindlichkeit in sich haben, aber wohl auch für die, die glauben, ihr freies Liebesleben habe mit Gott nichts zu tun.

Ich bin froh, dass diese Texte in der Bibel stehen, und ich bin froh um ihre liturgische Beglaubigung als Gotteswort, wird doch jede Lesung mit dem Bekenntnis beendet: »Wort des lebendigen Gottes«. Mich ermutigen diese Texte, Gott nicht nur in der Askese zu suchen und nicht nur in der Sehnsucht zu spüren, sondern Gott auch in der Fülle, in der sinnlichen Erfüllung zu begegnen.

Liebe ist eine der hervorragenden Weisen, Gott zu erfahren, und zwar nicht nur die Nächstenliebe sozialer Mitmenschlichkeit und auch nicht nur die schwere Feindesliebe. Denn genauso ist die erotische, begehrende, den Leib des oder der anderen und zugleich die eigene Leiblichkeit feiernde Liebe eine Weise, Gott zu erfahren und sich tief innerlich mit Gott verbunden zu wissen.

Echte Liebesbeziehungen sind nämlich ein besonderer Ort der Gegenwart Gottes – das spiegelt sich schließlich auch in dem Verständnis der Ehe als Sakrament, als Zeichen und Werkzeug des Heiles, das die Eheleute einander spenden – auch durch ihre Sinnlichkeit und Sexualität. Menschen, die einander tief und ehrlich lieben und in guter Weise begehren, schenken einander eine Ahnung davon, wie leidenschaftlich Gott uns liebt – so sehr, dass er unter uns leben wollte, als einer von uns mit der Fähigkeit, sinnlich zu empfinden, einen anderen liebevoll zu berühren und vor Liebe zu brennen.

Weihnachten ist auch ein zutiefst leidenschaftliches Fest.

Hintergrund

Das Hohelied der Liebe, auch Lied der Lieder genannt, zählt zu den biblischen Weisheitsbüchern und ist wahrscheinlich im 4. Jahrhundert vor Christus entstanden. Es ist eine Sammlung von Liebesliedern, die zum Überlieferungsschatz Israels gehören. Sie wurden oft auf die Liebe zwischen Gott und seinem Volk, später auch zwischen Gott und der Seele gedeutet.

Die Lieder feiern das Spiel der erotischen, sinnlichen Liebe in unbekümmerter Frische, Direktheit und Intensität. Sie mögen als Hochzeitslieder verwendet worden sein, sind aber wohl unabhängig voneinander entstanden. In der römisch-katholischen Leseordnung finden sich die Verse Hld 2,8–14 als Lesung des 21. Dezember. (Nur für diese Lesung übrigens gibt es eine alternative Möglichkeit, sonst ist an den Tagen vom 17. bis zum 24. Dezember immer nur eine bestimmte Lesung vorgeschrieben – die Ersteller der Leseordnung sind hier wohl vor ihrer eigenen Courage erschrocken ...) In der jüdischen Tradition ist das Hohelied die Festrolle zum Pessachfest.

Zur Vertiefung

Nicht jeder und nicht jede ist mit der Erfahrung erfüllter, beglückender erotischer Liebe beschenkt. Als Erfahrung einer bleibenden, dauernden Dimension des Miteinanders in einer längeren Partnerschaft scheint sie sogar eher selten zu sein.

- Das Auftauchen dieses Themas im Advent kann mich dazu anregen, einmal ehrlich hinzuschauen: Wie ist oder war das bei mir? Wie ist heute meine Situation – mit oder ohne Partnerschaft? Welche Gefühle weckt das Thema Liebe und Sexualität – Angst? Trauer? Freude? Dankbarkeit? Hadern? Glück?
- Ganz allgemein kann ich mich fragen: Wohin geht meine Leidenschaft? Lebe ich leidenschaftlich (was ja über den Bereich des Sexuellen weit hinausgeht)? Habe ich Zugang zu dieser vitalen Kraft in mir?
- Ich verkoste die Vorstellung, dass Gott mich leidenschaftlich liebt. Mystik hat immer wieder auf das Liebesspiel als Bild für die innige Gottesbeziehung zurückgegriffen und diese in erotisch aufgeladenen Bildern beschrieben. Wie kommt das bei mir an? Ungewohnt? Abstoßend? Anregend?

III

Auf dem Weg mit den Weisen und den Hirten

Von zwei Gruppen wird in der Bibel erzählt, dass sie an der Krippe Jesu standen und den Neugeborenen gesehen haben – abgesehen von seinen Eltern: die Hirten, von Engeln auf den Weg geschickt, um das Wunder zu betrachten, und die Weisen, aus ihrer Heimat im Osten aufgebrochen, um den zu sehen, den ihnen ein Stern ankündigt. Ihre Ahnungen, Sehnsüchte und Hoffnungen wollen auch uns mit unserem Fragen und Suchen mit auf den Weg nehmen.

Dem Stern folgen – Die Weisen aus dem Morgenland

»Wir haben seinen Stern aufgehen sehen.« So begründen die so genannten Heiligen Drei Könige, warum sie plötzlich in Jerusalem auftauchen und nach einem neugeborenen König der Juden suchen (Mt 2,1–2). Sie kommen »aus dem Osten« und müssen wohl schon eine ganze Weile unterwegs gewesen sein, bevor sie bei König Herodes vorstellig werden. Auf den Weg gebracht hat sie die Beobachtung der Gestirne und was sie davon ableiten: Ein neuer König wird geboren; einer, dem zu begegnen auch einen langen Weg lohnt.

»Sie ist ihrem Stern gefolgt.« Oder: »Er hat sich von seinem Stern leiten lassen.« So hieß es früher von Menschen, die meinten, ihre Bestimmung erkannt zu haben, und sich auf den Weg machten, sie zu verwirklichen – ganz gleich, wie lange oder beschwerlich der Weg auch sein mochte.

Dabei kam die Rede vom Leitstern nicht nur aus den Erfahrungen der Seefahrer, sondern ebenso aus der Überzeugung, dass das, was auf Erden geschieht, in den Gestirnen schon vorgebildet ist und daher dort abgelesen werden kann.

Moderne Menschen glauben kaum noch daran, dass in den Sternen schon alles beschlossen ist. Nicht sich ins Schicksal zu fügen, ist heute die vorherrschende Lebenshaltung, sondern etwas aus dem eigenen Leben zu machen. Dabei folgen wir immer noch oft »Sternen am Himmel« – Popstars, Medienstars, selbst der Papst als Star werden dabei zu Modellen. Vielleicht sind aber die Sterne, die für uns aufgehen und uns auf gute Lebenswege führen wollen, ganz andere: z.B. tiefe Sehnsüchte, die uns verlocken, noch einmal etwas Neues im Leben zu versuchen; oder eine schlummernde Fähigkeit, die endlich gelebt werden will; oder eine Freundin, ein Kollege, deren Lebensbeispiel mich anregt, nicht in gewohntem Unbehagen sitzen zu bleiben, sondern mich auf den Weg zu machen. Vielleicht ist der wichtigste Stern der des Vertrauens, dass für alle Menschen, auch für mich, ein gutes Leben, das Heil und die Zuwendung Gottes vorgesehen sind. Ob ich den Mut habe, diesem Stern zu folgen? Mich auf neue Lebenswege locken lassen kann? Ob ich das Aufgehen dieses Sterns überhaupt bemerken würde?

Hintergrund

Das Matthäusevangelium berichtet weder von Königen noch von dreien: Es ist einfach von Sterndeutern oder Weisen die Rede (Mt 2,1–12). Tertullian (160–220) verbindet sie mit Königen, die in Jes 60,3 und Ps 72,10 erwähnt werden. Origenes (185–254) deutet sie als drei Personen, weil sie drei Gaben bringen. Erst im 5./6. Jahrhundert werden sie allgemein als Könige bezeichnet, ab dem 9. Jahrhundert heißen sie Kaspar, Melchior und Balthasar, ab dem 12. Jahrhundert gilt einer von ihnen als Schwarzer. Als Krippenfiguren kommen sie oft mit prächtigem Gefolge, mit Elefanten und Kamelen. Im Mittelalter gelten sie als Urbild der Wallfahrer, und Herbergen auf alten Pilgerwegen sind zuweilen nach ihnen benannt.

Die Exegese sieht in diesen Sterndeutern Vertreter der Weisheit der Völker außerhalb Israels. Auch sie erkennen in der Geburt Jesu die Ankunft des Herrschers der Welt. So ist schon ganz am Beginn der Geschichte Jesu klargemacht, dass er nicht nur für das Volk Israel, sondern für die ganze Menschheit Bedeutung hat, für alle als König, als Retter und Heiland in die Welt kommt – als dieses kleine Kind in der Krippe.

Zur Vertiefung

- Wozu verlockt es mich, wenn ich aufmerksam in mich und die Welt hineinschaue?
- Wie lange ist es her, dass ich zum letzten Mal in meinem Leben aufgebrochen bin – mich von einer Hoffnung, einer Ahnung, einer Verheißung locken ließ?
- Ich will – zumindest für die nächsten Schritte auf meinem Lebensweg – darauf vertrauen, dass auch für mich Heil vorgesehen ist und dass es sich auch für mich lohnt, dem König in der Krippe zu begegnen.

Weisheit trifft Macht – Die drei Weisen bei Herodes

Fremde Weisheit trifft Israels königliche Macht. – So hätte eine Schlagzeile lauten können für den Bericht vom Treffen der Weisen aus dem Morgenland mit König Herodes (Mt 2,1–8). Dieselbe Schlagzeile hätte aber auch schon viel früher gepasst, als die Königin von Saba den König Salomo besuchte (1 Kön 10,1–13). Doch wie unterschiedlich sind diese beiden Szenen!

Die fremde Königin und der weise König Salomo vereinen jeweils in sich schon beides: das Weisheitliche und das Königlich-Herrscherliche. Bei ihrem Treffen geht es nicht um Politik oder strategische Verhandlungen, sondern die Königin von Saba kommt, um einen gelehrten Dialog mit Salomo zu führen. Sie bringt Fragen mit und Geschenke. Sie bringt Salomo viel Wertschätzung entgegen, gewinnt sein Vertrauen und kann am Ende sagen, dass sie von ihm alles bekommen hat, was sie wollte. In der Überlieferung wird der Geschichte dieser beiden dann noch eine erotische Komponente beigefügt, deren Früchte bis ins äthiopische Königshaus reichen sollen.

Weisheit und Macht Israels begegnen Weisheit und Macht aus der Fremde. Dabei erfährt Israel Anerkennung, und beide gehen beflügelt aus diesem Treffen. Die Begegnung zwischen den drei Weisen aus dem Osten und dem König Herodes wirkt auf dem Hintergrund der Erzählung von der Königin von Saba und dem König Salomo wie deren Karikatur.

Wieder kommen fremde Weise zum König von Israel. Sie haben einen neu aufgehenden Stern gesehen, deuten das als Hinweis auf einen zukünftigen König und wollen diesem die Ehre erweisen. Die Überlieferung sieht in ihnen weise Herrscher, die einem noch Höheren Anerkennung zeigen wollen.

Sie kommen nun zu Herodes mit der konkreten Frage, wo denn dieser neue große König zu finden sei. Der König, den sie im Palast antreffen, ist kein weiser König mehr. Von Weisheit ist hier nichts zu spüren. Herodes hat keine Ahnung von den umwälzenden Dingen, die die Fremden schon aus der Ferne erkannt haben. Und auch seine Berater, die er holen lässt, müssen erst umständlich und lange nachschlagen, ehe sie Auskunft geben können. Was ist aus der Weisheit Salomos geworden? Sie lebt nur noch in den alten Büchern. Ein befruchtender Dialog mit den Weisen aus der Fremde ist nicht mehr möglich – und wird auch nicht gesucht. Stattdessen versucht Herodes, sie als seine Spione einzuspannen. Sie sollen nachsehen und ihm dann berichten.

Salomo und die Königin von Saba gelten als Vorbilder weiser Herrscher, als gelungene Kombination von Macht und Weisheit. Diese ist ja sehr selten und nicht leicht zu erreichen. Jedenfalls nicht, indem die Macht die Weisheit nur für ihre eigenen Zwecke benützt und sie einzusetzen versucht, um sich selbst zu stabilisieren und gegen andere durchzusetzen. Das mag schlau sein, weise ist es nicht.

Weisheit ist voller Freundlichkeit für alles Leben, Weisheit vermag den anderen in seinem Anderssein wertzuschätzen und anzuerkennen. Weisheit passt zur Liebe. Weisheit erinnert die Macht daran, wozu sie da ist: dafür zu sorgen, dass alle Platz haben und gut leben können.

Solche weise Macht und mächtige Weisheit hat die Königin von Saba an König Salomo bewundert. Die drei Weisen aus dem Morgenland merken schnell, dass Herodes das genau nicht verkörpert. Ihre Geschenke bekommt ein anderer. Dieser ist selbst die Weisheit und die Macht, und an ihm können wir bis heute ablesen, wie ihre Kombination gelingt, wie sie oberflächlich zu scheitern scheint und durch Tod und Auferstehung sich dennoch bewährt. Weil er die Liebe ist, in der alle Weisheit und alle rechte Macht wurzeln.

Hintergrund

Die Geschichte der Begegnung zwischen der Königin von Saba und König Salomo steht in der Bibel im ersten Buch der Könige: 1 Kön 10,1–13. Saba ist wahrscheinlich eine Landschaft im nördlichen Arabien, die auch in assyrischen Texten genannt wird. Andere denken an das berühmte Handelsvolk der Sabäer in Südarabien, dem heutigen Jemen. Die Königin wird als reiche, mächtige und selbst weise Herrscherin beschrieben, die von Salomo beeindruckt ist und der Salomo alles gewährte, »was sie sich wünschte und begehrte« (1 Kön 10,13). Die kurze Bibelstelle hat in allen Jahrhunderten zu Ausschmückungen angeregt.

Im Neuen Testament wird die »Königin des Südens«, die gekommen ist, um Salomos Weisheit zu ehren, zur Zeugin angerufen gegen jene, die

die viel größere Weisheit, die in Jesus erschienen ist, nicht erkennen (Mt 12,42 par Lk 11,31).

Zur Vertiefung

- Was heißt für mich, weise zu sein? Welches Handeln bzw. Verhalten halte ich für weise?
- In welcher Hinsicht bin ich mächtig? Wo und über wen habe ich Macht? Setze ich meine Macht weise ein?
- Kenne ich Menschen, von denen ich mir Rat holen könnte? Denn die Königin von Saba, die mit ihren Fragen zu Salomo geht, und die drei Weisen, die einen Rat für den richtigen Weg suchen, dürfen auch uns ermutigen, uns beraten zu lassen. Sich raten zu lassen tut der Weisheit wie der Macht keinen Abbruch – im Gegenteil!
- Im beruflichen Leben sind dazu vor allem Coaching und Supervision da, im persönlichen Bereich die Psychotherapie. Im religiösen Leben gibt es die alte Tradition der Geistlichen Begleitung. Wer die eigene Mächtigkeit, die eigenen Möglichkeiten gut nutzen möchte und wer in der Weisheit wachsen will, der und dem sei geraten, solche Hilfe in Anspruch zu nehmen.

Für das Leben sorgen – Die Hirten auf dem Feld

Die Hirten gehören zu den Randständigen der damaligen Gesellschaft. Hirtenfamilien lebten außerhalb der Stadtmauern. Dass gerade sie als Erste zu Zeugen der Menschwerdung Gottes berufen werden, setzt ein deutliches Zeichen (Lk 2,8–20).

Das Wunder ereignet sich draußen, im Stall, auf den Feldern. Weit weg von Palast und Tempel.

Die Nähe zu den Hirtinnen und Hirten wird Jesus bleiben. Ihre Erfahrungswelt wird er verwenden, um wesentliche Teile seiner Botschaft zum Ausdruck zu bringen: dass Gott denen nachgeht, die sich verlaufen haben; dass die Schafe nur dem folgen, den sie kennen – ein Fremder wird sie nicht wegführen können; dass er, Jesus selbst, dieser gute Hirt ist, der die Seinen kennt und sie ihn und der sie auf gute Weide führt ...

Christinnen und Christen haben sich oft im Bild dieser Schafe wiedergefunden und sie als Vorbild dafür genommen, sich vertrauensvoll Gottes Führung zu überlassen. Ebenso dürfen wir uns aber im Bild der Hirten erkennen: Auch wir sind berufen, gute Hirtinnen und Hirten füreinander zu sein. Wir sollen anderen nachgehen, wenn sie den guten Weg verlieren. Wir sollen zu anderen gute Beziehungen aufbauen, sodass sie uns als Menschen vertrauen können und dann auch unserer christlichen Botschaft. Wir sollen anderen die Weiden und wasserreichen Ruheplätze zeigen, die wir auf unserem Lebens- und Glaubensweg gefunden haben. In diesem Sinne Hirtinnen und Hirten zu sein ist nicht nur eine Aufgabe für einige wenige in kirchenleitenden Positionen.

Es beginnt bei der Krippe: Nicht der König oder die Priester werden als Erste herbeigerufen, sondern Hirten und Hirtinnen, die ringsum bei den Schafen Nachtwache gehalten hatten. Gerade die, die nicht im Zentrum der Gesellschaft stehen, sondern »draußen«, haben Herz und Blick offen genug für die Ankunft des Messias. Vielleicht deshalb, weil sie die Sorge um Lebendiges zu ihrem Beruf gemacht haben.

Der gute Hirte will Leben in Fülle für die, die ihm anvertraut sind. So füreinander zu sorgen, ist Christinnen und Christen aufgetragen. Ob vielleicht auch heute gerade die besonders gut wissen, wie das gehen könnte, die am Rand unserer Gesellschaft stehen? Ob wir bereit sind, gerade auch von solchen Menschen zu hören, wohin wir als Gesellschaft gehen sollen – wo die guten Weiden für alle sind?

Mit den Hirten zur Krippe zu gehen – das heißt auch, uns denen an die Seite zu stellen und ihre Suchwege nach gutem Leben mitzugehen, die heute die Armen unter uns sind.

Hintergrund

In der Exegese werden die Hirten, von denen im Weihnachtsevangelium die Rede ist, oft als Repräsentanten der »Anawim« gedeutet. Das hebräische Wort meint »Geringe« oder »Demütige« und ist sprachlich mit dem Wort für »arm, elend« verwandt. Gemeint sind Arme und sozial Benachteiligte, die ihre Hoffnung auf Gott setzen. Zu ihnen wussten sich die Propheten in besonderer Weise gesandt (vgl. Jes 61,1).

Zur Vertiefung

Die Armutskonferenzen (siehe: Europäisches Anti-Armuts-Netzwerk: www.eapn.org) oder das vom französisch-polnischen Priester Joseph Wresinski gegründete Netzwerk »ATD – Vierte Welt« (ATD bedeutet Aide a Tout Distres, vierte Welt spielt auf den vierten Stand an, der nicht einmal in der französischen Revolution Stimme bekam. Siehe www.atd-viertewelt.de) haben sich der Arbeit mit den Armen in einer Weise verschrieben, die deren Würde achtet und mit ihnen gemeinsam Wege aus der Armut sucht. In solchem Engagement werden oft Menschen aus ganz verschiedenen Schichten füreinander zu Hirt und Hirtin – und entdecken staunend im anderen und in sich selbst die Menschwerdung Gottes.

- Es lohnt, sich nach solchen Erfahrungen auf die Suche zu machen. Neben »ATD – Vierte Welt« bieten auch viele andere Organisationen dafür gute Chancen, z.B. die Gemeinschaft Sant'Egidio, die Caritas, konkrete Projekte vor Ort ...
- Ich kann mich auch in ganz normaler Nachbarschaftshilfe üben, vom Einkaufen für die alte Frau nebenan bis zum Morgenplausch mit dem Straßenzeitungsverkäufer aus Interesse an seinem Leben ...
- Mich auf welche Weise auch immer der Sorge für das Leben zu widmen macht offen für das Neue, für neues Leben, für Gottes Ankunft auch bei mir.

Dem Engel begegnen – Krippenengel und Krippenhirten

In Absam in Tirol wird jedes Jahr eine Krippe aus dem 18. Jahrhundert aufgestellt. Die ca. 30 cm großen Figuren stehen in einer Landschaft mit Bäumchen und Hügeln. Die Hirten sind über das ganze Gelände verteilt. Das Besondere dieser Krippe ist, dass beinahe zu jedem Hirten ein eigener Engel gehört. Der Chor der Engel tritt hier nicht in geschlossener Formation auf, sondern die Engel schwärmen aus und gehen jedem Hirten einzeln nach. Mit behutsamen Gesten weisen sie zum Stall und zum Kind hin.

Da gibt es den Hirten, der gerade beim Abendbrot ist. Man hat den Eindruck, der Engel stört ihn eigentlich. Ein anderer Hirt ist barfuß und schaut sehr verzagt. Sein Engel legt ihm fast den Arm um die Schultern. Ein Dritter lässt sich von der Begeisterung auf dem Gesicht des Engels anstecken und vergisst sogar seinen Ranzen, so eilig hat er es.

Was es wohl braucht, um die Engel erkennen zu können? Manche lugen hinter den Büschen hervor, andere treten unübersehbar in die Lichtung, wieder andere müssen die Hirten am Arm fassen, um bemerkt zu werden.

Wo wohl mein Engel steht? Ziemlich sicher nicht in Tirol, sondern mitten in meinem Leben. Hinterm Computerbildschirm vielleicht. Oder er kommt im Sonnenstrahl, der mich zum Blick aus dem Fenster verlockt. Vielleicht ruft er zum x-ten Mal aus dem Kinderzimmer: »Ich kann nicht schlafen.«

Manchmal ist meine Nachbarin mein Engel. Nicht nur, weil sie mir wieder einmal mit einem Ei und einer Zwiebel aushilft, sondern weil wir über den Gartenzaun kleine und große Alltagsfreuden und -sorgen miteinander teilen.

Manchmal ist es der Arbeitskollege, der mich – ganz ohne jeden Triumph – auf einen Fehler aufmerksam macht.

Manchmal ist es meine Intuition, die mir sagt, dass es genau jetzt wichtig ist, meine Freundin anzurufen ...

Es gibt so viele Hinweise auf Gottes Gegenwart und Menschwerdung.

Hintergrund

Engel sind in der Bibel Boten Gottes. Zuweilen verschwimmt der Unterschied zwischen Gott und Engel, und sie werden zu einem Bild für die konkret erfahrene Zuwendung Gottes. Oft ist das Auftreten von Engeln mit einer Berufung, einem Auftrag verbunden.

Die Sitte, Krippen aufzustellen, geht auf Franz von Assisi zurück. Er inszenierte Krippenszenen mit lebenden Akteuren als Gelegenheit, sich direkt ins biblische Geschehen einzufühlen. Krippenfiguren übertragen oft das, was in Bethlehem geschah, in eine bekannte Szenerie – in Tirol sind es Bergdörfler und alpine Landschaften, in Peru sind es Indios in typischer Kleidung, und auf den Philippinen schläft das Kind in einer Bambushütte. Gott kommt in unsere Welt – zu jedem und jeder von uns, in unseren Alltag. Es geht nicht um eine historische Reminiszenz, um die Inszenierung eines Historienspiels. Gott kommt immer konkret. Heute und hier. Im Herzen jeder Kultur und jedes Lebens.

Die Weihnachtskrippe in der Kirche von Absam ist von Johann Giner d. Ä. und stammt aus dem Jahre 1796. Geschildert habe ich sie so, wie ich sie in Erinnerung habe.

Zur Vertiefung

- Bei jeder Begegnung kann ich mich fragen, was mir Gott durch diesen konkreten Menschen sagen oder zeigen will. So kann etwa die zunehmende Vergesslichkeit der alten Mutter neu erfahren lassen, dass Liebe und Geborgenheit nicht immer Worte und klares Denken brauchen. Und die lauten Kinder im Garten nebenan sind womöglich eine Erinnerung an die unbändige Lebensfreude, nach der ich mich sehne.
- Seit Gott Mensch geworden ist, ist jedes Gesicht Jesu Krippe – auch mein eigenes. Mein Engel steht vor meiner Tür und zeigt auf die, die nach mir rufen, und er schaut manchmal mit mir in den Spiegel und weist auf mich.

IV

In Bethlehem

In Bethlehem, bei der Krippe angelangt, dürfen wir staunend verweilen. Das zu beschreiben, was nach christlichem Glauben hier geschah, genügen kluge Worte nicht. Gefragt sind Bilder, Vergleiche, das meditierende Schauen.

Und wir sind eingeladen, unsere Gaben zu bringen wie die Hirten und wie die königlichen Weisen. Jede Gabe ist willkommen – jeder Mensch ist hier willkommen.

Wer schaut und staunt und die Hände und Schatztruhen öffnet, wird vielleicht wie die biblischen Menschen in Begeisterung geraten, sich freuen und Gott loben und preisen. Den Glanz des Glücks erahnen und ihn bewahren wollen.

Manche Christen und Christinnen erkennen diesen Glanz besonders in Maria, der Gottesmutter wieder – ein Widerschein der Verbindung von Weiblichem und Göttlichem.

Weisheit, Schlüssel, Wurzel – Die sieben O-Antiphonen

Das Stundengebet der katholischen Kirche in der Woche vor Weihnachten ist nach alter Tradition von den so genannten O-Antiphonen geprägt, die biblische Bilder auf Christus beziehen. Die Menschwerdung Gottes in Jesus Christus wird damit fest in der ganzen bisherigen biblischen Tradition verwurzelt; alte Texte werden auf Jesus hin gedeutet und bekommen damit aus christlicher Perspektive einen neuen Sinn.

Die traditionsreiche Methode, das Alte oder Erste Testament auf Christus hin zu lesen, verdichtet sich in diesen alten O-Antiphonen. Sie geben dem, der da zu Weihnachten erwartet wird, Namen und zeigen ihn, der kommen soll, in Bildern. Sie wollen uns auf dem letzten Stück Weg zur Krippe begleiten, uns hinführen. Sie laden bereits ein, bei Gottes Menschwerdung zu verweilen, und sind doch noch voll flehenden Bittens: Maranatha – Komm Herr, lautet der uralte Ruf, mit dem Menschen den Erlöser rufen.

Die O-Antiphonen sind so etwas wie Meditationstexte zu diesem Ruf oder besser: mit dem biblischen Material gemalte Meditationsbilder. Bilder sind immer mehrdeutig und vielschichtig und verlangen eher nach Betrachtung denn nach Erklärung. Gehen wir den Bildern nach und lassen sie auf uns wirken:

O *Weisheit, hervorgegangen aus dem Munde des Höchsten – die Welt umspannst du von einem Ende zum andern, in Kraft und Milde ordnest du alles: O komm und offenbare uns den Weg der Weisheit und Einsicht!*

O Weisheit – so beginnt die erste dieser sieben O-Antiphonen. Wer wünscht sich das nicht, weise zu sein? Weisheit hat man aber nicht einfach, und man bekommt sie auch nicht einfach mit den Jahren. Nicht alle werden aus Lebenserfahrung weise; so mancher wird verbittert und verhärtet.

Weisheit dagegen ist etwas Fließendes, sie hat mit Großzügigkeit zu tun. Sie kann loslassen und zulassen und hat zugleich ein tiefes Wissen um die Wege, die es zu gehen gilt. In der Bibel ist es die Frau Weisheit, die den Weg weist, der Gott wohlgefällig ist. Die feierliche Antiphon sagt nun, dass Gott, der Mensch wird, die Weisheit ist. Für mich heißt das auch, dass der Weg der Weisheit zu den Menschen führt. Nur wer sich wie Gott auf die anderen und auf sich selbst einlässt, hat die Chance, Weisheit zu erwerben. Sie entsteht aus den ehrlichen Begegnungen unseres Lebens.

Weihnachten feiert die Ankunft der Weisheit Gottes in einem Kind. Nicht der Supercomputer, der das Wissen der Welt speichert, ist ein gutes Symbol für die Weisheit, sondern ein Kind, das auf andere angewiesen ist, ein Mensch, der sich vertrauensvoll den Menschen aussetzt. O Weisheit.

O Adonai, Herr und Führer des Hauses Israel, im flammenden Dornbusch bist du dem Mose erschienen und hast ihm auf dem Berg das Gesetz gegeben: O komm und befreie uns mit deinem starken Arm!

»Und wer, soll ich ihnen sagen, hat mich geschickt?«, fragt Mose die Stimme aus dem brennenden Dornbusch. »Sag ihnen: Der Ich-bin-da hat mich zu euch gesandt.« Ich-bin-da – diesen Namen hat sich Gott selbst gegeben in der Erscheinung vor Moses, als dieser den Auftrag bekommt, sein Volk aus der Sklaverei in Ägypten heraus in die Freiheit zu führen. Unter diesem Namen wird Gott seither im Volk Israel verehrt, auch wenn es diesen Namen aus Ehrfurcht nicht ausspricht. Eine übliche jüdische Lesart für den Gottesnamen lautet daher »Adonai«, was zumeist mit »Herr« übersetzt wird.

Gemeint ist der Ich-bin-da, Gott, der da ist und unsere Wege mitgeht, der uns herausführen möchte aus Unterdrückung, aus Zwängen – äußeren wie inneren; der uns verlocken möchte, uns auf den Weg zu machen, weg aus der Bequemlichkeit der »Fleischtöpfe« Ägyptens, geleitet von der Ahnung, dass wir für lebendiges Leben bestimmt sind, dass es doch »mehr als alles« geben muss – wie es die Theologin Dorothee Sölle angesichts unserer Überflussgesellschaft formuliert.

O Adonai, so ruft nach alter kirchlicher Tradition der feierliche Kehrvers und ruft damit den, der befreit, den Ich-bin-da, der den Weg in die Freiheit weist.

Soll aber der wirklich kommen, der uns herausführen will? Ist es nicht auch beunruhigend, wenn wir aufbrechen sollen aus dem Gewohnten? Vielleicht beklage ich ja häufig meinen Alltag, aber ich kenne mich wenigstens darin aus – will ich wirklich etwas ändern? Bin ich bereit, mich auf mehr Leben einzulassen, als es das tägliche Durchwursteln erlaubt?

Oft zögern wir im entscheidenden Augenblick, dabei brauchen wir vor dem Aufbruch keine Angst zu haben. Ich-bin-da geht mit uns. Gott kommt und bleibt bei uns. Das ist es, was Christen zu Weihnachten feiern.

O Spross aus Isais Wurzel, gesetzt zum Zeichen für die Völker,
vor dir verstummen die Herrscher der Erde, dich flehen an die Völker:
O komm und errette uns, erhebe dich, säume nicht länger!

Aus der alten Wurzel wächst ein neuer Spross; das Alte, das schon für abgestorben gehalten wurde, bringt etwas Neues hervor. Die Wurzel und der neue Spross – dieses Hoffnungsbild prägt die dritte Antiphon und sagt in wieder neuen Worten, wer der ist, der da erwartet wird. Er ist zugleich der neue Spross, das neue Leben und die Wurzel, die das Neue trägt. Gott traut uns zu, dass Neues in unserem Leben wachsen kann. Auch wenn die Wurzeln dafür – unsere Sehnsüchte, unsere Träume – vielleicht schon verschüttet sind. Manche haben sie unter Resignation und Angst vergraben, manche unter Misstrauen, andere unter zu viel Arbeit und Betriebsamkeit. Auch beim Stolpern von einer Liebelei zur nächsten kann die Verbindung zu den Wurzeln verloren gehen. Dennoch kann aus der alten Wurzel Neues wachsen, kann die Sehnsucht nach wirklichem Leben, tragfähigen Beziehungen, sinnvollem Tun wieder erwachen und unseren Alltag verändern. Alles Neue braucht gute Wurzeln: Gott lädt ein, unsere Wurzeln ganz tief auszustrecken, bis in das Geheimnis unseres Lebens, das Gott selbst ist. Im Neuen, das aus dem Vertrauen dieser festen Wurzeln wächst, können wir Gottes Gegenwart mitten in unserem Leben spüren.

Gott ist die Wurzel und der Spross – wir müssen nur aufmerksam und bereit sein; vielleicht will auch bei mir etwas wachsen – gerade jetzt in dieser Weihnachtszeit.

O Schlüssel Davids, Zepter des Hauses Israel, du öffnest, und niemand kann schließen, du schließt, und keine Macht vermag zu öffnen:
O komm und öffne den Kerker der Finsternis und die Fessel des Todes!

Es gibt Zeiten, da komme ich mir vor wie in einem Zimmer mit vielen Türen, und ich weiß nicht, durch welche ich gehen soll. Ich habe Angst, eine Tür zu wählen, denn sie könnte verschlossen sein oder mich in eine falsche Richtung führen. Und ich habe Angst, eine Tür zu wählen, denn es ist doch so wichtig, viele Möglichkeiten zu haben. Meine Erfahrung aus solchen Zeiten ist, dass es mich letztlich lähmt, mir alle Türen offen halten zu wollen, und dass es besser ist, eine Tür zu öffnen, um hindurchzugehen.

Eine der alten Bezeichnungen für Gott, den Gott, den Christinnen und Christen zu Weihnachten als den feiern, der zu uns gekommen ist, ist der Schlüssel. Wo dieser Schlüssel aufschließt, kann keiner zusperren, und was er schließt, kann niemand öffnen.

Ich wünsche mir diesen Schlüssel, der mir die Türen versperrt, die in die Irre führen. Vielleicht werde ich enttäuscht sein, wenn sich da eine Tür nicht öffnen lässt, und vielleicht renne ich an wie ein trotziges Kind. Aber ich will vertrauen, dass der Schlüssel mir den Weg weist.

Ich wünsche mir diesen Schlüssel, der mir die Türen öffnet, die mich näher zum Heil, zum wirklichen Glück meines Lebens bringen. Vielleicht wird es Mut brauchen, durch die Tür zu gehen, die dieser Schlüssel aufsperrt. Ich darf vertrauen, dass es sich lohnt, diese Schwelle zu überschreiten. Gott ist der Schlüssel – bin ich bereit, ihn an meine inneren Türen heranzulassen?

O Morgenstern, Glanz des unversehrten Lichtes, der Gerechtigkeit strahlende Sonne: O komm und erleuchte, die da sitzen in Finsternis und im Schatten des Todes!

Was unsere deutsche Fassung mit Morgenstern wiedergibt, lautet im lateinischen Original der fünften Antiphon: O Oriens – Aufgang, Licht und Glanz.

Licht ist ein uraltes Symbol für das Göttliche, und es hat in allen Religionen mit Gerechtigkeit und Frieden zu tun. Unrecht und Gewalt, Krieg und Unterdrückung bringen Finsternis in das Leben und Zusammenleben der Menschen.

Der neue Brauch des Friedenslichts, das von Bethlehem her in vielen Ländern verteilt wird, knüpft an dieses alte Symbol an. Der Aufruf zum Frieden ist ein Kern der Botschaft nicht nur der Engel am Weihnachtsabend, sondern ebenso des erwachsenen Jesus von Nazareth. Seine Ankunft ist Aufgang – Anfang einer neuen Chance, diesen alten Menschheitstraum des Friedens mehr Wirklichkeit werden zu lassen.

Kein schwammiger Weihnachtsfriede bannt aber die Finsternis, auch kein kühles Desinteresse an den anderen, sondern das Friedenslicht leuchtet z.B. im Versuch, gerade zu Weihnachten ehrlich zu sein und zugleich beieinander auszuharren; es leuchtet im Bemühen, mich nicht über die anderen zu erheben, nicht mit vorgefassten Meinungen, sondern mit offener Neugier auf den anderen zu schauen, auf den Menschen neben mir, der vielleicht erst hinter vielen Masken zu erkennen ist; und dieses

Licht brennt auch in der Freude an der Vielfalt der Völker und Sprachen in unserem Land und unserer Welt. O Oriens – Weihnachten ist die Chance auf eine neue Orientierung auf Licht und Frieden hin.

O König aller Völker, ihre Erwartung und Sehnsucht; Schlussstein, der den Bau zusammenhält: O komm und errette den Menschen, den du aus Erde gebildet!

Eines der alten Bilder für Gott ist der König. Als ersehnten König der Völker benennt die vorletzte der adventlichen Antiphonen Gott im kirchlichen Stundengebet. Für Menschen mit einem demokratischen Bewusstsein ist das womöglich ein unpassendes oder sogar problematisches Bild. Es mag zu sehr nach Operette oder Klatschblatt klingen oder nach einer überwundenen Gesellschaftsordnung, die dem Individuum zu wenig Freiheit ließ.

Wenn wir nun die Antiphon, diese feierliche Anrufung Gottes, weiterlesen, begegnet uns aber ein anderer Klang, eine andere Deutung. Hören wir dazu noch auf eine andere Übersetzung: »O König der Völker, den sie alle ersehnen, du Eckstein, der das Getrennte eint. Komm und befreie den Menschen.« Es geht also nicht um einen Oberbefehlshaber, sondern es geht um die Mitte, um das Zentrum, das alles zusammenhält, wo alle Fäden zusammenlaufen. Jeder und jede von uns braucht so eine Mitte, sonst zerfällt und zerfasert unser Leben. Was ist meine zentrale Instanz? Wo laufen bei mir die Fäden zusammen?

Gott beansprucht diese Mitte meines Lebens; in diesem Sinn will Gott der König sein – für mich und für die Völker. Gott beansprucht diesen zentralen Platz in meinem Leben und im Leben der Gemeinschaft. Der Eckstein, der das Getrennte eint – erst dieser Zusammenhalt, den Gott wirkt, bringt Befreiung. Weihnachten feiert sein Kommen.

O Immanuel, unser König und Lehrer, du Hoffnung und Heiland der Völker: O komm, eile und schaffe uns Hilfe, du unser Herr und unser Gott!

Mit der siebten und letzten Antiphon stehen wir knapp vor Weihnachten. Lassen wir die Stationen noch einmal Revue passieren: O Weisheit, die Gottes Wege zeigt; O Adonai, der Ich-bin-da, der Retter und Befreier; O Wurzel, die Neues hervorbringt, auch da, wo zuvor kein Leben mehr war; O Schlüssel, der auch mir mein Leben und mein Heil entschlüsseln will; O Oriens, Aufgang, Licht des Friedens und der Gerechtigkeit in einer verdunkelten Welt; O König und Eckstein – Mitte und Zentrum, das eint und dadurch befreit.

Alle diese Anrufungen laufen am Ende in das zentrale, wichtigste Bild zusammen, das Bild, das den innersten Kern der Weihnachtsbotschaft zum Ausdruck bringt: O Immanuel – dieser hebräische Name heißt übersetzt: Gott mit uns. Gott ist uns nicht fern, nicht irgendwo, thront nicht droben, hält sich nicht heraus – sondern ist da, mitten unter uns, mit uns. Gott mit uns – das ist die Kurzformel dessen, woran Christen glauben.

Das jährlich wiederkehrende Weihnachtsfest ist die beständige Erinnerung daran: Gott ist mit uns – auch in meinem Leben ist Gottes Gegenwart zu finden, auch in unserem Leben und Zusammenleben möchte Gott ankommen und ist längst schon da: Immanuel – Gott mit uns.

Hintergrund

Vom 17. bis zum 23. Dezember werden die O-Antiphonen im kirchlichen Stundengebet in der Vesper zum Magnifikat gebetet oder gesungen. Zugleich dienen sie als Halleluja-Verse vor dem Evangelium in der Messfeier an diesen Tagen. Die Texte sind römischen Ursprungs und stammen ca. aus dem 7. Jahrhundert. Neben der Siebener- war zeitweise auch eine Zwölferreihe verbreitet (z.B. in St. Gallen um 960). Das Mittelalter kannte dazu besondere Formen (z.B. mit speziellem Glockengeläut) und eigene Weihnachtsspiele.

Die hier verwendete Textfassung findet sich im katholischen Gesangbuch Gotteslob Nr.112.

Die Antiphonen sind reich an biblischen Bezügen – hier einige Beispiele:

1. O Weisheit: vgl. Sir 24; Weish 8,1; Offb 22,17.20.
2. O Adonai: vgl. Ex 3,1–2; Ex 6,3 (Adonai statt Jahwe).
3. O Sproß aus Isais Wurzel: vgl. Jes 11,1–10; Offb 22,16.
4. O Schlüssel Davids: vgl. Jes 22,22; Offb 3,7; Jes 42,6–7.

5. O Oriens/Morgenstern: vgl. Lk 1,78–79; Hab 3, 4; Weish 7,26.
6. O König: vgl. Ps 2,6–8; Jer 10,7; Ps 118,22; Jes 28,16.
7. O Immanuel: vgl. Jes 7,14; 33,22; 49,6; Sach 9,9.

Eine hübsche »Spielerei« liest die Anfangsbuchstaben der lateinischen Anrufungen (Sapientia, Adonai, Radix, Clavis, Oriens, Rex, Emmanuel) von hinten und kommt so zu dem Satz: ero cras – was man übersetzen kann mit: Morgen komme ich.

Zur Vertiefung

- Die O-Antiphonen eignen sich als Meditationstexte bzw. -bilder: Ich nehme mir an jedem dieser letzten Tagen vor Weihnachten inmitten der Vorbereitungshektik ein Viertelstündchen Zeit, zünde eine Kerze an und lese die entsprechende Antiphon zwei-, drei-, viermal; am besten laut und langsam, mit Pausen dazwischen. (Es gibt die O-Antiphone auch in schönen Vertonungen – zum Anhören.) Ich spüre dabei meiner Hoffnung auf Gottes Kommen nach.
- Ich lasse mich von der Antiphon zu meinen eigenen Hoffnungs- und Sehnsuchtsbildern führen.
- Ich mache mich innerlich bereit, Gott bei mir ankommen zu lassen.

Einer von uns – Der Logos als Menschenkind

»Im Anfang war das Wort, und das Wort war bei Gott, und das Wort war Gott. Im Anfang war es bei Gott. Alles ist durch das Wort geworden, und ohne das Wort wurde nichts, was geworden ist. In ihm war das Leben, und das Leben war das Licht der Menschen. Und das Licht leuchtet in der Finsternis, und die Finsternis hat es nicht erfasst. ... Das wahre Licht, das jeden Menschen erleuchtet, kam in die Welt. ... Und das Wort ist Fleisch geworden und hat unter uns gewohnt, und wir haben seine Herrlichkeit gesehen, die Herrlichkeit des einzigen Sohnes vom Vater, voll Gnade und Wahrheit. ... Aus seiner Fülle haben wir alle empfangen, Gnade über Gnade. ... Niemand hat Gott je gesehen. Der Einzige, der Gott ist und am Herzen des Vaters ruht, er hat Kunde gebracht.« (Joh 1,1–18)

Das Wort, das mächtige Gotteswort der Schöpfung. Leben. Licht. Quelle von Wahrheit und Gnade. Der Sohn. Der, der Gott ist.

Und dann liegt er da als Kind. Neugeboren. Noch ganz verschmiert von Blut und Schleim, die erste Erprobung seiner Lungen auf den Lippen. Faltig und verkniffen, erschreckt von so viel Helligkeit. Erschöpft nach der Anstrengung, sich herauszuwinden aus den Kontraktionen des Geburtskanals seiner Mutter.

Fleisch geworden. Ein Mensch; einer von uns.

Der Logos; das zugrunde liegende Prinzip. Göttliche Weisheit, spielend am Ursprung, am Schöpfungswerk beteiligt. Eine der drei Personen im dynamischen Beziehungsgeschehen der Dreifaltigkeit.

Und dann liegt er da als Kind. Er hat Hunger und schreit. Saugt an der Brust seiner Mutter und verdaut und braucht Windeln. Muss gebadet und gereinigt werden. Spuckt die Milch wieder aus, wenn er Schluckauf bekommt. Wird seine ersten Krankheiten überstehen.

Fleisch geworden. Ein Mensch; einer von uns.

Seiend seit Uranfang; alles ist durch ihn geschaffen. Licht ohne Finsternis. Lebendige Herrlichkeit. Gnade. Fülle. Licht vom Licht; Gott von Gott.

Und dann liegt er da als Kind. Er wird Freude erleben und Angst spüren. Er wird seine Eltern erkennen. Er wird heranwachsen, traurig sein und lachen. Einmal über die Stränge schlagen. Freunde finden. Seinen Eltern Kummer bereiten. Er wird seinen Bart wachsen sehen und spüren, wie die Kräfte der Sexualität in ihm erwachen. Er wird sich verlieben.

Fleisch geworden. Ein Mensch; einer von uns.

Mir scheint es wichtig, uns immer wieder neu bewusst zu machen, dass Gott wirklich ganz Mensch geworden ist. Nicht zum Schein und nicht nur ein bisschen. Ganz ist er hineingestiegen in das Menschsein. In alle Höhen und Tiefen. Sein Menschsein greift sogar tiefer als die Aufteilung in Mann und Frau, ergreift das, was allen als Menschen gemeinsam ist: Leiblichkeit, Angewiesensein, Rationalität, Gefühle ...

Zugleich war und blieb er dabei ganz Gott, Gottes Sohn, »in allem uns gleich außer der Sünde« (vgl. die Aussage des Konzils von Chalcedon aus dem Jahr 457). Sein einziges Privileg ist die unverletzte Beziehung zu Gott. Davon, von dieser Möglichkeit des Seins, hat er uns Kunde gebracht. Und selbst sein Gottsein hält er nicht als Privileg fest, sondern entäußert sich, geht ins Außen, setzt sich aus – bis in den Schrei der Verlassenheit am Kreuz (vgl. Phil 2,6–8). Und fällt nicht ins Nichts. Bleibt in Gott und Gott in ihm. Bleibt Gott für uns. Bleibt bei uns und geht mit uns. Den Weg der Menschen als einer von uns – der, der Gott ist.

Hintergrund

Der berühmte so genannte Johannesprolog, die Anfangsverse des Johannesevangeliums, stammt möglicherweise aus einem bereits vorher existierenden Loblied auf das fleischgewordene Wort Gottes. Es existieren von diesen Versen auch Fassungen, in denen Logos (Wort) durch Sophia (Weisheit) ersetzt ist. Das spiegelt einen Strang der Überlieferung, der in Jesus die Verkörperung der Weisheit Gottes sieht. Die weisheitlichen Schriften (das Buch Hiob, die Psalmen, das Buch der Sprichwörter, das Buch Kohelet, das Hohelied, das Buch der Weisheit und das Buch Jesus Sirach) bilden einen wichtigen Teil der alttestamentlichen Überlieferungen. In ihnen erscheint die Weisheit als Gestalt, die vor Gott spielt und die zu den Menschen geht (vgl. z.B. Weish 7,22–9). Die Bibel in gerechter Sprache, ein Projekt von Exegeten und Exegetinnen, die eine neue, geschlechtergerechtere Bibelübersetzung versuchten (herausgekommen im Gütersloher Verlagshaus), übersetzt den Johannesprolog dementsprechend so: »Am Anfang war die Weisheit und die Weisheit war bei Gott und die Weisheit war wie Gott. Diese war am Anfang bei Gott. Alles ist durch sie entstanden und ohne sie ist nichts entstanden. Was in ihr entstanden ist, war Leben. ... Die Weisheit war das wahre Licht, das allen Menschen leuchtet, die in die Welt kommen. Sie war in der Welt, und die Welt ist durch sie entstanden, aber die Welt hat sie nicht erkannt. In das ihr Eigene kam sie, aber die Ihrigen haben sie nicht aufgenommen.«

Zur Vertiefung

- Zur Meditation in der Weihnachtszeit bieten sich die Christuslitaneien an, die sich z.B. in Gesangbüchern finden. Ich kann sie daheim oder in einer Kirche vor der Krippe beten.
- Ebenso kann ich eigene Litaneien erstellen, z.B. mit den Begriffen aus dem Johannesprolog und anderen so genannten Hoheitstiteln Jesu: Menschensohn, Messias, Hoherpriester ... oder den großen Bildern aus dem Johannesevangelium: Hirt, Tür, lebendiges Wasser, Weinstock ... Immer versuche ich, mir bei diesen Litaneien dessen bewusst zu bleiben, dass dieser Angebetete Fleisch geworden ist, einer von uns, der unter uns gewohnt hat. Ich kann z.B. beten: Christus, Wort Gottes – du bist Mensch geworden, einer von uns; Christus, Messias – du bist Mensch geworden, einer von uns; Christus, guter Hirt – du bist Mensch geworden, einer von uns ...
- Eine andere Form einer Litanei, um das Menschsein Jesu betend zu bedenken, könnte etwa so aussehen: Jesus, der Du von einer Frau geboren wurdest; eine Nabelschnur gehabt hast; Windeln gebraucht hast; gegessen und getrunken hast; mit anderen Kindern gespielt hast; auf staubigen Straßen gegangen bist und wehe Füße bekommen hast; Dich am Anblick eines schönen Mannes, einer schönen Frau erfreut hast; die Geborgenheit unter Deinen Freunden genossen hast; Angst gehabt hast; traurig warst ... Ich darf dabei auch meine eigenen täglichen Verrichtungen und Erfahrungen mit Jesus in Beziehung bringen. Auch mein Menschsein hat er geteilt.

Einfache Geschenke sind groß – Die Hirten bringen ihre Gaben

Nicht nur die drei Weisen aus dem Morgenland bringen Gaben zur Krippe, auch die Hirten und Hirtinnen – jedenfalls in den Volksliedern und Krippendarstellungen. Zu unserer geschnitzten Krippe aus Südtirol gehört eine Frau, die einen Korb mit Brot bringt; eine andere trägt einen Krug mit Wasser. Ein junger Hirt hat ein Lamm auf den Schultern, ein älterer schleppt ein Bündel Feuerholz herbei. Die rustikalen Krippen und auch viele Weihnachtslieder zeigen die Hirten als einfache Leute mit dem Sinn fürs Praktische, der oft Menschen auszeichnet, die gezwungen sind, mit wenig zurechtzukommen und das Beste daraus zu machen. Sie wissen, dass die junge Frau, die gerade geboren hat, und auch der frischgebackene Vater erst einmal Wärme brauchen und stärkendes Essen. Sie spüren, wie zart das Leben aller Beteiligten rund um eine Geburt ist, und sind einfach da, um unaufdringlich zu helfen. In begüterten Häusern war dafür früher eine eigene Wochenbettpflegerin gestellt.

»Was ich mir in dieser Zeit nach der Geburt gewünscht hätte«, erzählte mir ein Freundin, »war, dass jemand kommt und für uns kocht oder einen großen Topf Suppe vorbeibringt – ohne Anspruch auf Gespräch oder Aufmerksamkeit, sondern einfach nur, um uns zu umsorgen.« Ich denke, die Geschenke der Hirtinnen und Hirten gingen genau in diese Richtung.

Oft sind es nicht die Satten und Gutsituierten, die zu dieser Art Hilfe bereit sind, sondern die, denen es selbst an vielem mangelt, teilen mit denen, die noch weniger haben. »Mein schönstes Weihnachtsgeschenk«, habe ich von einer Volontärin gehört, die ein Jahr in einer Basisgemeinde in einem Dorf in Brasilien gelebt hat, »war die Bierflasche, die mir Teresina gebracht hat. Sie hat dafür sicher den ganzen Advent gespart.« Nur, um der Studentin, die zu Weihnachten Heimweh hatte, eine Freude zu machen. Natürlich gibt es auch unter armen Menschen Hartherzigkeit, aber es gibt auch viele Berichte von beeindruckender Großzügigkeit unter ihnen. Und wenn einer wirklich gar nichts hat, dann kann er vielleicht singen oder musizieren oder etwas basteln oder Ähnliches, um ein Geschenk zu machen. Unter unseren Krippenfiguren ist auch ein Dudelsackspieler, und nächstens hoffe ich auf einen Trommler. Denn ich liebe dieses englische Weihnachtslied vom Trommelbuben – pa ra pa pam pam –, den der Aufruf, dem neugeborenen König die schönsten Geschenke mitzubringen, in große Verlegenheit stürzt, bis er vor der Krippe steht und sagt: »Jesus, ich bin ein armes Kind wie Du und kann Dir nichts bringen, aber ich kann für Dich auf meiner Trommel spielen.« Im Liedtext heißt es weiter, dass Maria nickte und der kleine Trommler mit Verve drauflosgetrommelt hat – pa ra pa pam pam – und mit einem Lächeln des Kindes bedankt wurde. Er geht nun selbst reich beschenkt nach Hause.

Hintergrund

Das Lied vom Trommelbuben, The Little Drummer Boy, stammt aus den USA und wurde 1958 von Katherine K. Davis, Henry Onorati und Harry Simeone komponiert und getextet. Hier der Text – ohne die 21 -mal dazwischen gesungene Zeile *pa ra pa pam pam*:

Come, they told me / a new born King to see / our finest gifts we bring / to lay before the King / so to honor Him / when we come.

Little Baby / I am a poor boy too / I have no gift to bring / that's fit to give our King./ Shall I play for you / on my drum?

Mary nodded, / the ox and lamb kept time. / I played my drum for Him / I played my best for Him. / Then He smiled at me, / me and my drum.

Zur Vertiefung

Weihnachtsgeschenke sind nicht erst dann die richtigen, wenn sie teuer waren. Wichtiger ist es, dass ich ein Geschenk mache, in dem etwas von mir drinliegt oder von dem ich spüre, dass es etwas ist, was dem anderen nah am Herzen liegt.

Oft brauchen Menschen, dass ihnen jemand zuhört und mit ihnen redet. Manchmal ist aber auch ganz einfache praktische Hilfe nötig. Ich bemühe mich um Offenheit und Achtsamkeit, um zu spüren, was wann dran ist. – Ich erinnere mich an eine Situation mit meiner Nachbarin, deren drei Kinder damals noch sehr klein waren: Sie war einfach überlastet und wohl noch wichtiger als die paar Tränen, die sie in verzweifelter Erschöpfung auf meiner Schulter geweint hat, war, dass ich geistesgegenwärtig genug war in diesem Moment, um ihr den Staubsauger aus der Hand zu nehmen und ihr beim Aufräumen zu helfen.

Schätze hervorholen – Die Gaben der Heiligen Drei Könige

Neben Maria und Josef, Ochs und Esel, Engel und Hirten gehören auch die so genannten Heiligen Drei Könige zu denen, die direkt zur Krippe kommen (Mt 2,9–11). Als sie das Kind sehen, knien sie nieder und verneigen sich tief. Sie huldigen ihm, heißt es in den meisten Übersetzungen – ein altes Wort, dass wir im Alltag fast nicht mehr verwenden. Es kommt aus dem Zusammenhang von Herrschern und Untergebenen und drückt die Anerkennung der Macht aus. Im Idealfall ging es dabei aber nicht bloß um ein zähneknirschendes Zur-Kenntnis-Nehmen der größeren Stärke, sondern darum, sich voller Wertschätzung anzuvertrauen. Huldigen kommt von Huld und das ist ein anderer Ausdruck für Gnade oder Wohlwollen. Einem Menschen zu huldigen bedeutet, ihm das Vertrauen auszusprechen, dass er es gut mit mir meint, ich von ihm Gutes erwarten kann.

In dieser Weise vertrauen sich die »Weisen aus dem Morgenland« dem Kind in der Krippe an. Und als bleibende Zeichen dafür haben sie Geschenke mitgebracht: »Dann holten sie ihre Schätze hervor ... Gold, Weihrauch und Myrrhe ...« (Mt 2,11)

Jeder Mensch hat Schätze; selten im Sinne der Schatzkiste voller Goldstücke, selten wohl auch im Sinne von dicken Bankkonten oder Aktienpaketen. Aber auch wer kaum etwas besitzt, was einen hohen Verkehrswert hat, kann äußere oder innere Schätze haben: Dinge, Erinnerungen ... Etwa die erste Kinderzeichnung der inzwischen erwachsenen Tochter; oder die Erinnerung an eine große Liebe; ein Buch, das mich geprägt hat; die Erinnerung an das Glück, als ich jemandem wirklich helfen konnte ...

Die Weisen erkennen in dem Kind in der Krippe den, dem sie sich voll Vertrauen zuneigen können, dem sie sich anvertrauen. Dabei packen sie ihre Schätze aus. Wo wir uns anvertrauen können, wo wir ganz geborgen sind, dort können wir auch das herzeigen, teilen und verschenken, was uns tief im Herzen ganz besonders wertvoll ist. Unsere Schätze sind ja oft etwas sehr Zartes und Zerbrechliches, und nur dort, wo wir uns des Wohlwollens sicher sind, können wir sie hervorholen.

Menschen, die sich Gottes Wohlwollen ganz anvertrauen, können dabei so frei werden, dass sie lernen, ihre Schätze auch an andere zu verschenken – etwa indem sie jemand Vertrauen schenken und eine wertvolle Erinnerung erzählen oder indem sie die Kraft und Lebenslust, die sie aus dem Besitz ihrer Schätze gewinnen, für andere fruchtbar werden lassen.

Hintergrund

In der Tradition der so genannten Kirchenväter, also großer Theologen, zumeist der frühen Kirchengeschichte, wurden Gold, Weihrauch und Myrrhe, die Gaben der Heiligen Drei Könige, auf besondere Weise gedeutet: Gold gebührt dem König, dem Herrscher der Welt; Weihrauch ist für den Kult, also für den Hohenpriester; und Myrrhe wird zum Einbalsamieren von Toten verwendet. Gold, Weihrauch und Myrrhe deuten in diesem Verständnis an, wer Jesus für uns ist: der, dessen Macht und Gerechtigkeit wir uns anvertrauen, in dessen Reich wir leben wollen; der, der uns heiligt und reinigt und bei dem unsere Seele Geborgenheit findet; und der, der für uns in den Tod geht und uns auf den Weg der Auferstehung führt.

Zur Vertiefung

- Ich packe mit einem Menschen, dem ich vertraue, ein paar meiner Schätze aus, hole sie aus ihren Verstecken hervor.
- Ich stelle mir vor, wie es wäre, würde ich Gott huldigen: also mich Gott ganz anvertrauen, mich im Vertrauen auf unendliches Wohlwollen in Gottes Hände legen ...

Glanz und Herrlichkeit – Das Glück des Preisens

»Da trat der Engel Gottes zu ihnen, und der Feuerglanz Gottes umstrahlte sie. Sie fürchteten sich sehr, der Engel aber sagte zu ihnen: Fürchtet euch nicht, denn ich verkünde euch eine große Freude, die dem ganzen Volk zuteil werden soll: Heute ist euch in der Stadt Davids der Retter geboren; er ist der Messias, der Herr. Und das soll euch als Zeichen dienen: Ihr werdet ein Kind finden, das, in Windeln gewickelt, in einer Krippe liegt.

Und plötzlich war bei dem Engel ein großes himmlisches Heer, das Gott lobte und sprach: Herrlichkeit Gott in der Höhe und auf Erden Friede bei den Menschen seines Wohlgefallens.« (Lk 2,9–14)

Glanz und Herrlichkeit – wo in der Bibel von der besonderen Gegenwart Gottes die Rede ist, wo Gott erscheint, dort werden sehr oft diese Worte verwendet: Glanz, Herrlichkeit, Licht, Strahlen, Leuchten. Gott selbst wird nicht sichtbar; nicht einmal Mose kann Gottes Gesicht sehen, sondern nur seinen Rücken (Ex 33,18–23). Gott selbst zu sehen wäre zu überwältigend, zu viel für einen Menschen.

Doch die Herrlichkeit, der Glanz Gottes ist sichtbar und fühlbar. Doxa ist das griechische Wort dafür, kabod das hebräische. Übersetzen lässt sich das mit »Schwere« und »Gewichtigkeit« und im übertragenen Sinne mit »Ehre«, »Macht«, »Pracht«, »göttlicher Lichtglanz« und zumeist: »Herrlichkeit«. Es geht um die ganze brennende Wucht der Gegenwart Gottes, um Gottes Feuerglanz, der das Licht schlechthin ist.

Kein Wunder, dass sich die Hirten zunächst fürchten. Doch der Glanz und die Pracht verkünden Freude, bedeuten Glück: Der Retter ist da, der Messias, der Herr. Und – das ist ganz neu: Sie können und sollen ihn anschauen gehen. Sie werden ein Kind in einer Krippe finden. Gott blieb nicht im unzugänglichen Licht, sondern wurde Mensch. Mit Rücken und Gesicht. Berührbar. Sichtbar.

Auf eine solche Nähe lässt sich Gott jetzt ein!

Der Glanz der Herrlichkeit muss für Hellsichtige zu sehen gewesen sein: Simeon, der weise Alte im Tempel, in den sie das Kind bringen werden, erkennt in ihm das Heil, das Licht und die Herrlichkeit. Er macht es daraufhin wie die Hirten, die Gott am Heimweg rühmten

(Lk 2,20): Auch er preist Gott für dieses Licht, diesen Glanz (Lk 2,25–33). Glänzend, strahlend, herrlich – heute noch gebrauchen wir solche Worte im Umkreis großer Freude und dann, wenn wir vom Glück reden. An den blitzenden Augen sehen wir, dass jemand glücklich ist. Freude und Glück drängen nach außen, lassen uns strahlen. So kann das Glück auch auf andere überspringen. »Du bringst Licht in die Begegnungen«, ist eines der schönsten Komplimente, das ich je gehört habe.

Wer dem Licht begegnet ist, wer die Herrlichkeit berühren durfte, von ihrer Schönheit gekostet und ihren Duft geschnuppert hat, kann nicht mehr anders: Das Strahlen wendet sich zurück zum Ursprung des Glanzes und wird zum Lobpreis Gottes, zum großen Dank für das Licht, das zu uns gekommen ist – nahbar, greifbar, unter uns.

Vielleicht haben ja die Heiligen auf unseren Bildern deswegen einen Lichtglanz um ihren Kopf, weil sie Herrlichkeit und Freude des Glaubens an die Menschwerdung Gottes ausgestrahlt haben und weil ihr ganzes Leben zum Loblied auf Gottes Pracht und Macht wurde.

Hintergrund

Die Kunst hat auf verschiedene Weise versucht, den göttlichen Glanz darzustellen. Ikonen werden auf Goldgrund gemalt, der das Paradies symbolisiert als Bereich, in dem diese Personen beheimatet sind. Früh hat sich im Westen der Nimbus (lateinisch: Wolke, Nebelhülle), der so genannte Heiligenschein, durchgesetzt, verstanden als Lichtschein. Der Nimbus dient der Hervorhebung der Personen und findet sich auch in der antiken vorchristlichen Kunst. Ab dem 6. Jahrhundert ist dieser das Heiligenattribut schlechthin, das zunächst verschiedene Farben haben konnte, später aber immer golden gemalt wird.

Christus und manchmal auch Heilige erscheinen zuweilen auch in der Mandorla, die oval oder kreisrund den ganzen Körper ins Licht taucht.

Die Kunst macht so auf ihre Weise den »Glanz vom gelungenen Leben und von der Verbundenheit mit der Quelle allen Lichts« (Luzia Sutter Rehmann) sichtbar. Sie lädt ein, im Betrachten der Malereien hellsichtig zu werden für das Strahlen und das Licht in uns selbst und unseren Mitmenschen. Sie lädt ein, einzustimmen in den großen Jubel.

Die Ideen zu Glanz und Licht als Metaphern des Glücks, auf die ich mich hier weitgehend stütze, finden sich in einem Kapitel des Buches: Luzia Sutter Rehmann, Ursula Rapp, Ulrike Metternich (Hg.): Zum Leuchten bringen. Biblische Texte von Glück, Gütersloh: Gütersloher Verlagshaus 2006.

Zur Vertiefung

- Kann ich Glücklichsein üben? Ich weiß nicht. Ich kann mich wohl nur für das Glück bereithalten. Und ich kann Ausschau halten und mich bereit machen, die Herrlichkeit Gottes zu sehen: in den Augen der Menschen.
- »Öffne meine Lippen, damit mein Mund dein Lob verkünde.« So beginnt das kirchliche Stundengebet jeden Tag. Ich versuche meine Tage mit einem Lobpreis Gottes zu beginnen. Wenn ich auch an notvollen und schweren Tagen etwas finde, wofür ich Gott mit Freude danken kann, darf ich mich glücklich schätzen.

Im Herzen bewahren – Die Nachhaltigkeit des Preisens

Zweimal heißt es in der Kindheitsgeschichte Jesu im Lukasevangelium, dass Maria alles, was geschehen war, in ihrem Herzen bewahrte und darüber nachdachte (Lk 2,19 und 51). Zum ersten Mal tut sie das am Ende des eigentlichen Weihnachtsevangeliums, als nach der Geburt die Hirten gekommen waren und erzählt hatten, was ihnen über dieses Kind gesagt worden war. Und das zweite Mal ganz am Ende der Kindheitsgeschichte, quasi im Nachklang der für sie rätselhaften Worte, die der Zwölfjährige seinen Eltern im Tempel in Jerusalem gesagt hat und in denen er Gott so klar seinen Vater nennt. Das griechische Wort, das mit »bewahren« übersetzt wird, kann auch die Bedeutung »bis ans Ende bewahren« haben. Das Ende der irdischen Geschichte des zu Weihnachten Neugeborenen ist der Tod am Kreuz und die Auferstehung.

Über das Baby und von dem heranwachsenden jungen Mann selbst sind große Worte gesprochen worden. Das, was Maria davon in ihrem Herzen behalten hatte, hat ihr vielleicht geholfen, am Ende besser zu verstehen, was da nun geschehen ist. Vielleicht hat ihr eben dieses Bewahrte den Mut gegeben, unterm Kreuz stehen zu bleiben. Vielleicht hatte sie genug darüber nachgedacht, um jetzt ausharren zu können.

Vielleicht sagt eine alte spanische Frömmigkeitstradition deswegen, dass der Auferstandene vor allen anderen am Ostermorgen seiner Mutter erschien: Weil sie in ihrem Herzen das Vertrauen bewahrt hatte, dass sich die uralte biblische Hoffnung auf den Messias in ihrem Sohn, Gottes Sohn, wirklich erfüllt hat. Weil diese Hoffnung in ihrem Herzen aus der Kraft der alten Verheißungen ihr geliebtes Kind auch im Tod noch erreicht hat. Weil sie tief innen, mitten in allem Schmerz, gewiss war: Gott ist das Leben, und die Liebe ist stärker als der Tod.

Für mich bedeutet dieses »im Herzen« und »bis zum Ende Bewahren« so etwas wie die Nachhaltigkeit des Preisens. Der große Jubel, das erfahrene Glück kann Wurzeln schlagen im Herzen und so auch Zeiten der Trauer und des Unglücks überdauern. Gerade dann, wenn etwas oder ein Leben zu Ende geht, mag es gut sein, das Glück und den Jubel, der mit diesem Menschen oder in dieser Arbeit, an diesem Wohnort, in dieser Beziehung erlebt wurde, aus der Schatzkammer des Herzens hervorzuholen und noch einmal dankbar zu betrachten. So kann aus dem Ende vielleicht ein neuer Anfang wachsen.

Auch in Sachen des Glaubens mag es hilfreich und wichtig sein, die Höhepunkte, aber gerade auch das, was ich noch nicht verstanden habe, im Herzen zu bewahren und darüber nachzusinnen: Damit sich so auch mir am Ende eine Hoffnungsbrücke baut in das unbesiegte Leben und in die unendliche Liebe.

Hintergrund

Lk 2,19 lässt sich ganz wörtlich übersetzen mit: »Maria bewahrte all die Worte und warf sie ihrem Herzen zusammen.« Fridolin Stier übersetzt: »Maria aber hielt all diese Worte verwahrt und fügte sie in ihrem Herzen zusammen.«

Lk 2,51 heißt wörtlich: »Und seine Mutter bewahrte all diese Worte bis ans Ende in ihrem Herzen.« Es lohnt sich, den einzelnen griechischen Worten nachzuspüren:

Syntereo – das Wort aus Lk 2,19 bedeutet: mit bewachen, mit bewahren, im Gedächtnis behalten, und auch: beobachten.

Diatereo – das Wort aus Lk 2,51 heißt: eine Zeit hindurch oder bis ans Ende bewahren, behaupten, seinen Posten nicht verlassen, genau auf etwas achten.

Tereo – das Grundwort, auf das beide zurückgehen, steht für: bewachen, behüten, bewahren, beobachten.

Einmal liegt also der Akzent mehr auf dem »mit« – als käme es darauf an, sich einer Bewegung anzuvertrauen, sie mitzumachen. Das andere Mal wird durch das »dia« der Aspekt der Dauer betont. Diese Erinnerung wird nicht losgelassen, sie bleibt. Beide Male schwingt auch das Beobachten, die Achtsamkeit mit – vielleicht auf das, was aus diesen Anfängen, die im Gedächtnis bleiben, wird. Im Grundwort klingt auch noch das Behüten mit – ein sorgsamer Umgang mit den Erfahrungen jedenfalls.

In Lk 2,19 ist auch noch vom »Zusammenwerfen« oder »Zusammenfügen« der Worte die Rede – »symballo« ist das griechische Wort. Es ist das Urwort für das heute auch bei uns gebräuchliche Wort Symbol. Der Text schreibt Maria zu, dass die Erfahrungen mit dem Kind Jesus ihr zum Symbol wurden, zur verdichteten Erfahrung, zum Bild – zur bewahrten Wirklichkeit des Glücks und des Glanzes, der Hoffnung und der Verheißung des wunderbaren Anfangs.

Zur Vertiefung

- Momente großen Glücks ebenso wie Augenblicke des tiefen Eintauchens in Gottes Gegenwart verdienen, dass ich sie bewahre: in meiner Erinnerung, indem ich sie vielleicht aufschreibe oder in einem Bild male, vielleicht indem ich ein Symbol dafür finde, dass ich aufheben kann.
- Tiefe Momente können auch solche sein, die mich fragend zurücklassen, die mein Verstehen übersteigen. Gerade ihnen darf ich mich anvertrauen.
- Wenn mich spirituelle Erfahrungen verwirren und beunruhigen oder sehr tief bewegen, mag es gut sein, mir Rat zu holen: Ausgebildete und geprüfte geistliche Begleiterinnen und Begleiter stehen dafür in jeder Diözese zur Verfügung.

Durch dich leuchtet das Heil – Die Gottesgebärerin preisen

In der Kapelle der Dominikanischen Schwesterngemeinschaft im Kloster in Kirchberg am Wechsel, in deren schönem und ruhigem Haus ein Teil dieses Buches entstanden ist, ist täglich das Allerheiligste ausgesetzt. Die Hostie ruht aber nicht in einer goldenen Monstranz oder Schale, sondern in den Armen einer Tonfigur, einer schlanken Gestalt, die mit Armen und Händen vor ihrem Oberkörper ein großes Rund bildet, in dem die Hostie mehr geborgen als ausgesetzt erscheint.

Ich sehe in dieser Figur Maria, die den Heiland bringt, ihn der Welt hinhält, den, der diese Welt ins Heil hineinverwandelt, wie er ein Stück Brot zum Ort seiner Gegenwart wandelt.

Der Lobpreis für die Gottesmutter, für die, die schwanger geht mit dem Heil der Welt und die Christus zur Welt bringt, dieser Lobpreis gehört in vielen christlichen Kirchen ebenfalls zur Weihnachtszeit dazu. Insbesondere die Ostkirche hat dafür eine Fülle von Formen und Hymnen entwickelt, einer der schönsten dieser orthodoxen Hymnen ist der Hymnos akathistos. In immer neuen Bildern besingt er Maria, die Gottesgebärerin. Eine kleine Auswahl der Namen, unter denen Maria gegrüßt wird, sei hier wiedergegeben:

»Sei gegrüßt, durch dich leuchtet das Heil hervor; du Stern, der die Sonne offenbart; aus dir wird die Schöpfung neu geboren; Himmelsleiter, darauf Gott herniederstieg; du Aussöhnung für das unendliche All; du starker Halt des Glaubens; alle Wesen erfüllst du mit Seligkeit; du erneuerst die Würde des Menschen; du Schutzmantel um aller Welt Drangsal; du Land der Verheißungen; Blüte der Unvergänglichkeit; Sieg der Gewaltlosigkeit; der Auferstehung leuchtende Spur; Raum Gottes, den der Raum nicht zu fassen vermag; Zugang zum unverfügbaren Geheimnis; Unversöhnliches hast du versöhnt; jungfräulich hast du geboren; das Paradies hast du wieder zugänglich gemacht; du bist der Schlüssel zu Christi Königreich; du Pforte zum Erlösungswerk; du unschätzbarer Quell des Lebens; bei dir ist die Kirche geborgen; meine Seele geleitest du; meinen Leib machst du heil ...«

Wie immer bei echter Marienverehrung sind auch hier die Anrufungen an Maria zugleich Meditationen des Heilswerks Christi – und zwar in all seinen Dimensionen bis hin zur kosmischen. Der Glanz Marias ist immer Verweis auf die Herrlichkeit Gottes und der Erlösung. Nur als solcher Wegweiser wird auch Marias Pracht gesucht und gepriesen.

Dennoch rückt Maria in solchen und ähnlichen Preisungen, die es auch im katholischen Traditionsgut in Fülle gibt, manchen allzu sehr in die Sphäre des Göttlichen und ist das Mädchen aus Nazareth unter diesen kostbaren Prunkgewändern zuweilen kaum mehr auszumachen.

So haben gerade Frauen – und unter ihnen auch viele protestantische Theologinnen – in den letzten Jahrzehnten versucht, die biblische Maria wiederzugewinnen und Maria als Schwester im Glauben neu zu entdecken.

Ich frage mich manchmal, ob die Beinahe-Vergöttlichung, die Maria zuweilen zu erfahren scheint und die ihre durchaus problematischen Seiten hatte und hat, ob die weniger stark wäre, wenn mehr betont und auch in gottesdienstlichen Gebeten deutlicher würde, dass Gott auch in weiblichen Bildern vorgestellt und angesprochen werden kann: als Mutter, als Trösterin, als Freundin, als Anstifterin zur Gerechtigkeit, als »Schöpferin Liebe« ... Das diesbezügliche Repertoire, das moderne Frauenspiritualität hier bereits entwickelt hat, könnte in den Pfarrgemeinden durchaus mehr genutzt werden.

Vielleicht treibt ja manche Marienverehrerin etwas Ähnliches wie die Frauen, die nach weiblichen Gottesbildern verlangen: die Sehnsucht, auch weibliches Menschsein leichter als volle Gottebenbildlichkeit wiedererkennen zu können – entgegen aller jahrhundertelangen und bis heute reichenden Abwertung von Frauen.

Maria zu preisen ist jedenfalls – für Frauen wie für Männer – eine gute Einübung darin, Frauen viel zuzutrauen und ihnen wertschätzend entgegenzukommen. – »Sei gegrüßt, Maria, in dir sind alle Frauen erhoben zum Recht auf Ehre und Respekt.«

Und: Maria zu preisen ist eine gute Übung, uns einzustimmen darauf, den Heiland wie sie in unseren Armen zu bergen und ihn der Welt zu zeigen. – »Sei gegrüßt, Du machst uns allen Mut, unseren Beitrag zum Heilswerk Christi zu leisten.«

Hintergrund

Der Hymnos akathistos wird seit dem 8. Jahrhundert gebetet. Seine genaue Entstehung und auch die Autorschaft liegen im Dunkeln. Er hat 24 Strophen zu je zwölf Anrufungen. Die Gebete dazwischen nehmen auf die Weihnachtsgeschichte Bezug und erzählen sie teilweise nach.

Akathistos bedeutet: nicht im Sitzen. Der Hymnos wird demnach zur höheren Ehre der Gottesmutter immer stehend gesungen.

Bereits die Bibel kennt weibliche Gottesbilder: So vergleicht etwa der Prophet Jesaja Gott mit einer Mutter (z.B. Jes 46,3–4; 49,15; 66,12–13; auch in: Hos 11,1–4; Num 11,12). Gott kann z.B. auch mit der Heftigkeit einer Bärin auftreten, die ihre Kinder verteidigt (Hos 13,8). Im Neuen Testament wird z.B. neben dem guten Hirten, der sein verlorenes Schaf sucht, auch die Frau, die ihre verlorene Drachme sucht, zum Sinnbild für Gott (Lk 15,8–10) ebenso wie die Frau, die ihren Sauerteig ins Mehl mischt (13,20f). Die Gottesbezeichnung »Schöpferin Liebe« hat die Dichterin Christa Peikert-Flaspöhler geprägt.

Eines der Argumente, die für eine stärkere Verwendung weiblicher Gottesbilder eingebracht werden, liegt auf der soziologischen Ebene: Es gibt zu bedenken, dass wir für das, was wir für das Höchste und Wichtigste überhaupt halten, für Gott, fast ausschließlich männlich geprägte Begriffe und Bilder verwenden. Ob das nicht doch einen Zusammenhang hat mit der Höherbewertung des Männlichen in der Gesellschaft?

Zur Vertiefung

- Gebete wie der Hymnos akathistos oder auch Marienlitaneien oder auch der Rosenkranz sind gute Meditationsübungen. Sie führen hin zu den tiefen Geheimnissen des Glaubens. Ich kann mich von ihnen mit auf den Weg nehmen lassen.
- Wenn ich die weibliche Seite Gottes entdecken möchte, kann ich z.B. in einem Bibeltext einmal »Gott« durch »die Schöpferin Liebe« oder »die Lebendige« ersetzen oder in bekannte Gebete wie z.B. das Magnifikat weibliche Formen eintragen: »Hoch preist meine Seele Gott, meine Retterin, denn auf die Niedrigkeit ihrer Magd hat sie geschaut ...« Ich kann nachspüren, ob meine Begegnung mit Gott dadurch vielleicht neue Dimensionen gewinnt.

V

Weitergehen mit den Hirten und Weisen

Die Krippe ist kein Platz zum Bleiben, nur eine Zwischenstation, ein Anfang. Alle, die an der Krippe verweilt, ausgeruht, sich gefreut, vielleicht auch sich gefragt und gezweifelt haben, alle brechen wieder auf. Die Hirten kehren zurück zu ihnen Herden, die Weisen aus dem Orient gehen wieder heim. Wer sich mit ihnen auf den Weg macht, kann erleben, wie sie verändert wurden und neue Wege gehen.

Auch für alle, die heutzutage Weihnachten feiern, geht das Fest vorüber. Ganz gleich, ob es schön und festlich oder einsam oder zerstritten begangen wurde, danach ist wieder Aufbruch angesagt: Welchen Weg will ich jetzt weitergehen?

Umkehren – Die Hirten gehen heim

Nachdem sie das Kind bestaunt und die Nacht lang durchgeredet hatten im Versuch, das Erlebte zu verstehen, war es doch wieder Zeit zurückzukehren (Lk 2,20). Was war das doch für eine Nacht gewesen! Und gerade das, was sie, einfache Hirten und Hirtinnen, erfahren und erkannt hatten, hatte den anderen Eindruck gemacht. Es hatte allen geholfen, tiefer zu schauen und in dem Neugeborenen die Vergewisserung zu sehen, dass Gott zu seinen Verheißungen steht. Dass der Messias wirklich kommt. Dass Friede unter den Menschen möglich ist. Dass die Angst der Freude weichen kann, weil der Retter da ist – gerade für sie, die Kleinen und Randständigen dieser Gesellschaft.

Auch ihr Rückweg ist davon geprägt: Sie können gar nicht aufhören, Gott zu loben. Was sie gehört und gesehen haben, hat sie begeistert. Die Rettung und der Friede und der wunderbare Glanz der Gegenwart Gottes waren wirklich zu spüren gewesen. Wie es gesagt worden war. Wie sie es erhofft hatten.

Nun haben sie sich umgewendet und kehren zurück. Ihre Herden werden noch da sein. Der Lohn wird nicht besser sein und die Kälte ebenso schneiden. Wölfe wird es weiter geben und genauso die Gesellschaft, in der es für sie keinen guten Platz gibt.

Ob es ihnen gelingen wird, ihre Begeisterung und ihre Hoffnung in den Alltag mitzunehmen? Wie wird sich die Erfahrung dieses besonderen Zusammenseins in der Gegenwart Gottes auf ihr Leben auswirken? Werden das Glück und der Friede, die sie erleben durften, Früchte tragen? Werden sie zumindest etwas davon auch in ihren Familien, unter den Kollegen, mit anderen verwirklichen können?

Vielleicht wird der eine ein liebevollerer Vater. Vielleicht wird die andere behutsamer im Umgang mit den schwächeren Schafen. Vielleicht schließt sich der Dritte ja einer Widerstandsgruppe gegen die römische Staatsgewalt an. Vielleicht versucht ein Vierter nicht mehr, beim Verkauf eines Tieres den Käufer übers Ohr zu hauen. Vielleicht tun sich ein paar zusammen und erreichen, dass ihnen der Zwischenhändler in Zukunft einen gerechten Preis zahlt. Vielleicht erinnern sie sich wieder öfter an die alten Verheißungen und Erzählungen von Gottes Solidarität mit seinem Volk; daran, dass Gott versprochen hat, wie eine Mutter für sie zu sorgen (Jes 49,15), und dass sie miteinander ebenso umgehen sollen. Vielleicht trauen sie sich – trotz ihrer sozialen Randstellung – zum nächsten Pessachfest in die Stadt, um die Botschaft der Rettung wieder zu hören. Vielleicht halten sie den Sabbat wieder genauer, damit die Ahnung eines glücklichen Lebens in Gerechtigkeit wieder gestärkt wird. Vielleicht wird sich eine von ihnen später diesem Jesus anschließen und nach dessen Tod seine Auferstehung verkünden. Schließlich waren sie doch umgekehrt, nachdem sie an seiner Krippe die Herrlichkeit gekostet hatten.

Hintergrund

Der Vers Lk 2,20 erzählt von den zurückkehrenden, jubelnden Hirten. Das Wort, das im Griechischen verwendet wird, hypostrepho, bedeutet: sich umkehren, sich umwenden, zurückkehren. Es ist nicht dasselbe Wort, das meistens für die Umkehr im spirituellen Sinn verwendet wird. Das ist metanoeo: seinen Sinn ändern, bereuen. Dennoch können auch Formen des Grundwortes strepho: wenden, umwandeln, sich wenden, kehrtmachen, im Neuen Testament im Sinne einer Lebensumkehr verwendet werden. Es ist dabei weniger das Geistige als das buchstäbliche Umkehren der Gehrichtung angesprochen. Neuen Sinn zu finden und andere Wege zu gehen, zuweilen auch in die entgegengesetzte Richtung als zuvor, gehören jedenfalls eng zusammen.

Zur Vertiefung

- Gibt es bei mir Erfahrungen von dichtem, kraftvollem Beisammensein mit anderen Christinnen und Christen? Für viele waren oder sind solche Zusammenkünfte, bei denen miteinander gebetet, Anbetung gehalten und in intensiven Gesprächen um ein tieferes Verständnis des Glaubens gerungen wird, Initialzündungen. Es tut gut, sich ab und zu daran zu erinnern, und auch: sich erneut in solche Zusammenhänge zu begeben.
- Großevents wie Weltjugendtage oder Kirchen- bzw. Katholikentage werden oft verdächtigt, keine nachhaltigen Prägungen zu hinterlassen. Habe ich einmal an einer mich beeindruckenden kirchlichen Veranstaltung teilgenommen (und vielleicht war das gar kein Großevent)? Wie hat sich das in meinem Leben ausgewirkt?

Auf einem anderen Weg – Die Weisen kehren heim

»Weil ihnen aber im Traum geboten wurde, nicht zu Herodes zurückzukehren, zogen sie auf einem anderen Weg heim in ihr Land.« (Mt 2,12) Auf dem Hinweg zur Krippe haben die so genannten Heiligen Drei Könige noch bei Herodes Halt gemacht, ihm vom Stern erzählt, mit ihm die Heiligen Schriften befragt und dabei den wichtigen Hinweis auf Bethlehem erhalten. Herodes hat sie dann sozusagen als Kundschafter vorausgeschickt. Nachdem sie nun dem Kind begegnet sind und ihm Vertrauen geschenkt und von ihm Heil erfahren haben, kehren sie »auf einem anderen Weg« heim.

Vor etlichen Jahren war ich zu Weihnachten auf den Philippinen und konnte Basisgemeinden besuchen und Menschen begegnen, die sich in besonderer Weise für andere einsetzten, die oft unter eigener Lebensgefahr für Gerechtigkeit eintraten und für ein Leben, das gut für alle ist. Ich hatte den Eindruck, in ihnen dem begegnet zu sein, dessen Kommen wir zu Weihnachten und dessen Erscheinen vor aller Welt wir zu Epiphanie, am so genannten Dreikönigstag, feiern. Und auch mir wurde klar, dass ich »auf einem anderen Weg« heim in mein Land fahren würde nach diesen Begegnungen. Ich war auf einen neuen Weg gesetzt worden. Vor der weltweiten Ungerechtigkeit kann ich seither weder meine Augen noch mein Herz verschließen. Und ich versuche, denen nicht in die Hand zu spielen, die wie Herodes Unrecht tun oder das Unrecht für ihren Vorteil nutzen.

Die Erfahrung, dass die Begegnung mit Gott, mit dem Heil der Welt, uns tief verändert, ist ein großes Geschenk. Sie kann durch beeindruckende Menschen vermittelt sein, im Gebet entstehen, in der Hinwendung zu Bedürftigen, im Berührt-Werden durch die Bibel oder auch durch Kunst, durch vieles mehr. Wo diese Erfahrung tief geht, verändert sie uns und setzt uns auf neue, andere Wege. Vielleicht ist das nicht immer gleich merkbar, aber auch wenn der Weg sich nur um wenige Grad dreht, wird er auf weite Distanz ganz woanders hinführen.

Wer wie die Heiligen Drei Könige eine tiefe Erfahrung mit dem menschgewordenen Gott gemacht hat, wird sich nicht mehr für unrechte Zwecke von den Mächtigen dieser Welt einspannen und sich nicht mehr von den Zentren weltlicher Macht bezaubern lassen. Der Weg von der Krippe führt weg von Neid und Hass und Gier; es ist ein anderer Weg, einer der »heim« führt – dorthin, wo es gutes Leben für alle gibt, wo wir geborgen sind und endgültig Heimat finden.

Hintergrund

Epiphanie – Erscheinung – heißt offiziell das Fest am 6. Januar. Es feiert das Erscheinen des menschgewordenen Gottes vor der Welt, die durch die so genannten Heiligen Drei Könige vertreten wird. Ursprünglich – und bis heute in den orthodoxen Kirchen – war bzw. ist das der eigentliche Weihnachtsfeiertag.

Herodes I., der Große, war der zur Zeit der Geburt Jesu unter der Oberhoheit des römischen Kaisers agierende König. Nach historischen Zeugnissen gilt er als eher grausamer Herrscher. Er ist von anderen, im Neuen Testament ebenfalls Herodes genannten, späteren Herrschern zu unterscheiden.

Zur Vertiefung

- Ich nütze meine Macht als Mutter oder Vater, Lehrerin oder Lehrer, im Büro gegenüber Kollegen und Kolleginnen usw. so, dass in meinem Handeln Gottes Wohlwollen für alle spürbar wird.
- Ich überprüfe, wo ich – etwa durch meine Konsumgewohnheiten – Ungerechtigkeiten in die Hände spiele.
- Ich frage mich, ob ich bereit wäre, mich von Gott auf einen neuen Weg schicken zu lassen.

VI

Weitergehen mit biblischen Gestalten und Heiligen

Auch die Zeit nach dem Heiligen Abend präsentiert uns vom Heiligenkalender und vom Bibeltext her Menschen, die uns einladen, ein Stück mit ihnen zu gehen. Sie führen aus der weihnachtlichen Idylle auch in die dunklen Ecken unserer Welt, wo Gewalt herrscht. Sie erzählen aber auch von der Freundschaft mit Jesus, von dem Mut, sich in seinem Sinn in der Welt einzumischen, von der großen Herausforderung, Gott wirklich zu vertrauen.

In Simeon und Hanna begegnen wir zwei Alten und ihrer trotz allem nicht müde gewordenen Hoffnung. Hineingemogelt haben sich diesmal auch Sagengestalten aus dem Volksbrauch.

Sie alle können Wegweiser sein für christliches Weitergehen nach dem großen Fest.

Der Gewalt ausgesetzt – Der heilige Stephanus

Kaum haben wir uns an der Krippenszene erfreut und mit Engeln und Hirten Gott gelobt und unsere Hoffnung auf den Frieden auf Erden erneuert, da beschert uns der liturgische Kalender am zweiten Weihnachtsfeiertag mit dem Festtag des heiligen Märtyrers Stephanus den Einbruch von Gewalt und Tod in diese Idylle: Stephanus wird seines Glaubens an Christus wegen gesteinigt (Apg 6 und 7). Kaum ist Christus geboren, werden wir daran erinnert, dass sein Leben durch menschliche Gewalt zu Ende gehen wird und dass das auch das Schicksal vieler seiner Jünger und Nachfolgerinnen sein wird.

Braucht es diese Erinnerung wirklich? Sind die Gewalt und Bosheit von uns Menschen nicht ohnehin unübersehbar? Braucht es nicht viel eher die Erinnerung daran, dass auch das Gute und der Friede zu unseren menschlichen Möglichkeiten gehören und zu dem, was Gott für uns und von uns will? Bricht nicht in allzu vielen Familien – ähnlich wie der Stephanus in den liturgischen Kalender – der Unfrieden gerade zu Weihnachten ins Haus ein?

Der Theologe Gotthard Fuchs hat einmal gesagt, Christentum sei »Gewaltanschauung«. Der Gekreuzigte führe uns vor Augen, wie es um uns Menschen stehe, welches Zerstörungspotenzial in uns liege. Und er stelle uns immer wieder neu vor die Entscheidung, uns auf die Seite der Opfer oder der Täter zu stellen: mitzumachen und mitzulaufen oder den Weg der Gerechtigkeit, des Friedens, der Güte und Barmherzigkeit zu gehen. Den Weg, der zu den Armen und Bedrängten führt, in den Dienst an ihrem guten Leben. Den Weg, der in den eigenen gewaltsamen Tod führen kann in einer Welt, in der immer noch an vielen Orten Gewalt und Unterdrückung herrschen.

Die Gewalt wird uns täglich in den Nachrichten ins Haus geliefert. Aber sehe ich sie wirklich? Traue ich mich in die Abgründe des Menschseins, auch meines Menschseins, tief genug hineinzuschauen?

Ich gehöre zu denen, die das Glück haben, brutale Gewalt bislang nicht am eigenen Leib erlebt zu haben. Aber ich weiß, dass sie nicht weit weg ist. Was in einem Keller in der niederösterreichischen Kleinstadt Amstetten geschehen ist – die brutale jahrzehntelange Versklavung einer jungen Frau durch ihren eigenen Vater, die im Frühjahr 2008 entdeckt wurde –, geschieht in vielen Varianten und Abstufungen täglich, in allen Gesellschaftsschichten.

Mit Stephanus stehen die Gequälten dieser Welt an der Krippe. Sie dürfen nicht vergessen werden. Und nur das, was angesichts ihres Schicksals sinnvoll bleibt, ist theologisch sagbar. Eine Frau, die in ihrer Kindheit und Jugend von massiver familiärer Gewalt betroffen war und die ich eine Zeit lang geistlich begleiten durfte, hat mich das gelehrt. Dasselbe erkennen jene, die sich von der Bedrängnis der Armen berühren lassen und aus ihrer Perspektive Theologie neu buchstabieren und Kirche neu gestalten. Gerade von ihnen wurden viele in dem an Blutzeugen so reichen 20. Jahrhundert in Lateinamerika, Afrika und Asien zu Märtyrern des Glaubens an den Erlöser und Befreier Jesus Christus.

Ich habe mir vorgenommen, in diesem Jahr tatsächlich ein Bild des heiligen Stephanus zu unserer Krippe zu stellen, die wir jedes Weihnachten um ein, zwei, drei schöne geschnitzte Figuren erweitern. Der Stephanus soll uns daran erinnern, dass es bei der Menschwerdung Gottes nicht um Idylle geht. Dass der Königsweg der Nachfolge die Diakonie, der

Dienst an den Armen ist. Dass »Weisheit und Geist«, »Gnade und Kraft« – mit ihnen war Stephanus laut der Apostelgeschichte ausgestattet – nicht nur »Wunder und große Zeichen im Volk« zu Wege bringen, sondern auch in Konflikte mit den Obrigkeiten führen können, vor allem mit jenen, die nicht sehen wollen, wie sie selbst an der Gewalt beteiligt sind. Stephanus soll mich an das Wagnis erinnern, dass gelebter Glaube auch heute noch ist und sein kann.

Und Stephanus soll mich daran erinnern, dass es auch inmitten der Gewalt noch die Möglichkeit der Barmherzigkeit gibt. Betet er doch für seine Mörder, mit fast denselben Worten, mit denen Jesus am Kreuz für seine Henker gebetet hat. Diese wohlwollende Hinwendung zu den Tätern gehört für mich zum Erstaunlichsten an Jesus, an Stephanus und vielen anderen Märtyrern, von denen Ähnliches erzählt wird. Wie kann jemand sein Herz so weit öffnen? Vielleicht kann es der, der wie Stephanus den Himmel offen sieht, der also ganz tief erkennt, dass in Jesus Christus Gott nicht nur als Mensch auf diese Erde gekommen ist, sondern Christi Tod und Auferstehung allen Menschen den Himmel geöffnet hat. Wer den offenen Himmel sieht, kann vielleicht auch Hoffnung haben für die Täter. Und vielleicht ist ja gerade diese Hoffnung eine Quelle für jenen Frieden, den wir im Weihnachtsidyll so gerne schon festhalten wollen.

Hintergrund

Von Stephanus berichtet die Apostelgeschichte in ihren Kapiteln 6 und 7. Er wird als einer der ersten sieben Diakone ausgewählt, deren Aufgabe die Sorge für die Armen war. Stephanus war offenbar hoch angesehen und ein guter Redner, gegen den andere nicht leicht ankommen. So hetzen seine Gegner das Volk gegen ihn auf und bringen ihn mit falschen Zeugen vor den Hohen Rat. Dort hält Stephanus eine flammende Rede, in der er den Weg Israels von Abraham über Josef bis Mose nacherzählt und dann in einem plötzlichen leidenschaftlichen Schwenk den Hohepriestern ihre Halsstarrigkeit und ihren Widerstand gegen den Heiligen Geist vorwirft, weil sie wie vor ihm die Propheten jetzt auch Jesus töteten. Das hören die Hohepriester nicht gerne. Als Stephanus dann den Himmel offen und den Menschensohn zur Rechten des Vaters sieht, so wie es

Jesus in seinem eigenen Verhör vor dem Hohen Rat angekündigt hatte (Lk 22,69), reagieren sie wie damals: Sie töten.

Lukasevangelium und Apostelgeschichte werden demselben Autor zugeschrieben. Bei Jesus wie bei Stephanus beschreibt er den Anspruch der Gottessohnschaft Jesu als den ausschlaggebenden Grund für die Hinrichtung. Und bei beiden zeigt er, dass sich dieser Anspruch im Dienst an den Armen ausweist. Stephanus könnte ein Patron der Befreiungstheologie und der Kirche der Armen sein.

Zur Vertiefung

- Ich stelle ein Stephanusbild zur Krippe oder lege die Tageszeitung bewusst zur Weihnachtskerze und lasse den scheinbaren Gegensatz auf mich wirken.
- Ich frage mich nach der Gewalt, zu der ich fähig bin oder war. Kann ich ehrlich um Verzeihung bitten?
- Ich schaue auf die Gewalt, die an mir verübt wird oder wurde, und frage mich, ob es in meinem Herzen Offenheit für Vergebung und Versöhnung gibt. – Dabei kann ich womöglich auch entdecken, dass es für mich noch nicht an der Zeit ist, zu vergeben.
- Ich erwäge, Gott um die Vergebung für das zu bitten, was andere mir angetan haben: Jesus wie Stephanus überantworten die Täter Gott und seiner gerechten Barmherzigkeit und barmherzigen Gerechtigkeit.
- Ich bin dankbar, wenn es mir gegeben ist, auf Gewalt oder Gegengewalt – ausgeübte wie im Herzen erwogene – verzichten zu können. Bei all dem muss es nicht nur um brutale körperliche Gewalttaten gehen, sondern schon bei all den Kleinigkeiten, mit denen ich andere treffe, beleidige, kränke, ihnen wehtue oder andere mir, kann ich beginnen, diesen Weg zu gehen: den Weg, der vom Verzicht auf »Hinhauen« in verschiedensten Formen bzw. vom Verzicht auf Revanche bis zur Versöhnung führen kann.

Jesu Freund sein – Der heilige Johannes

So wie der »Jünger, den Jesus liebte« nach dem Abendmahlsbericht an der Seite des Meisters liegt (Joh 13,23), so nahe liegt auch der Feiertag des Evangelisten Johannes am Weihnachtsfest. In der Tradition wird er mit jenem Jünger aus dem Evangelium identifiziert. Sein Festtag fällt auf den 27. Dezember. Dabei ist von Geburt und Kindheitsgeschichte Jesu im Johannesevangelium gar nichts zu lesen. Ganz der Philosoph unter den Evangelisten besingt Johannes die Menschwerdung Gottes in dem großartigen Hymnus vom fleischgewordenen Wort, das unter uns gewohnt hat; vom wahren Licht, das in die Welt kommt und alle erleuchtet; von dem, der in sein Eigentum kam, aber nicht aufgenommen wurde; von der Fülle, aus der Gnade über Gnade strömt; von dem, der Gott ist und am Herzen des Vaters ruht und uns Kunde gebracht hat (Joh 1,1–18).

Wieder dieselbe Formulierung, dasselbe griechische Wort: am Herzen oder an der Seite ruhen (wörtlich eigentlich: am Busen) – entnommen dem Zusammenhang des Essens, das halb liegend eingenommen wurde. Ein Bild inniger Verbundenheit. Wie der Freund mit dem Freund, die Freundin mit der Freundin.

Die intime Beziehung zwischen Jesus und dem Vater durchzieht das Johannesevangelium. Immer wieder hören wir vom Einssein zwischen ihnen und davon, dass wir eingeladen sind in diese Einheit, dass sie auch uns und alle umfassen will. Um das Geschenk des Einsseins untereinander und mit Gott bittet Jesus in seiner großen Abschiedsrede den Vater für die Seinen (Joh 17,20–26).

Im speziellen Verhältnis zum »Jünger, den er liebte« war wohl etwas spürbar von diesem intimen Verbundensein miteinander in der Tiefe. Das Evangelium der Freundschaft wird das Johannesevangelium manchmal genannt. Solche Freundschaft beflügelt: Das für die Messfeier am 27. Dezember vorgesehene Evangelium erzählt davon, wie Petrus und Johannes am Ostermorgen zum Grab laufen und Johannes einfach schneller ist (Joh 20,4).

Jesus ist kein abgeklärter Asket. Er hat Gefühle und lässt sie zu. Er war Johannes wohl besonders zugetan. Johannes lässt sich davon tragen –

und verbindet in seinem Evangelium eine fast mystische Schau mit dem Erzählen dessen, was er mit diesem Jesus erlebt hat.

Auch wir dürfen Gefühle zulassen und, wenn wir wollen, zu Jesus eine leidenschaftliche Beziehung haben. Und wir dürfen innige Freundschaften pflegen, die uns im Leben und im Glauben beflügeln.

Wie schön wäre es, könnten die Beziehungen, die Christen untereinander, die die Kirchen miteinander und die wir innerhalb einer Kirche miteinander pflegen, doch mehr von dieser Qualität freundschaftlichen Einsseins haben. Wir könnten einander dann wohl weniger als Konkurrenten oder als Bedrohung für die eigenen Traditionen und Überzeugungen ansehen denn als gegenseitige Bereicherung. Wo Ökumene von guten Freundschaften getragen wird, ist sie fruchtbar und hält auch manche großkirchliche Stagnation aus. Sie wird zum gegenseitigen Herzensanliegen. Dann scheint durch, wie Kirche noch viel besser sein könnte, was sie ist: »Sakrament, das heißt Zeichen und Werkzeug für die innigste Vereinigung der Menschen mit Gott und für die Einheit der ganzen Menschheit« (Zweites Vatikanisches Konzil, Dogmatische Konstitution über die Kirche »Lumen gentium« Nr. 1).

Hintergrund

Das vierte Evangelium wurde seit der frühen Kirche dem Apostel Johannes zugeschrieben, der gemeinsam mit seinem Bruder Jakobus sowie Petrus und Andreas wohl zu den engsten Vertrauten Jesu gehörte (vgl. z.B. Mk 1,19.29; 3,14–19; 9,2; 14,33 usw. sowie die entsprechenden Parallelstellen in den anderen Evangelien). Zugleich wurde der Apostel mit dem im vierten Evangelium nicht namentlich genannten »Jünger, den Jesus liebte« (Joh 13,23.25; 19,25ff usw.) identifiziert. Auch der Verfasser der Johannesbriefe und der Offenbarung des Johannes wurde in diesem Apostel und Evangelisten gesehen. Die Wissenschaft geht heute davon aus, dass alle diese so genannten johanneischen Schriften von unterschiedlichen Personen verfasst wurden und dass keiner von ihnen der in den anderen Evangelien erwähnte Apostel ist, wahrscheinlich auch nicht der namenlose geliebte Jünger. Dennoch gibt es inhaltliche Verbindungen unter ihnen und scheinen alle aus demselben Traditionsstrom zu stammen.

Als Sakrament der Vereinigung der Menschheit mit Gott und untereinander wird die Kirche in der dogmatischen Konstitution über die Kirche beschrieben, die das Zweite Vatikanische Konzil 1964 beschloss (und die im lateinischen Original mit den Worten »Lumen gentium«, Licht der Völker, beginnt). Es ist einer der wichtigsten Konzilstexte, der das Verständnis von dem, was Kirche zu sein bedeutet, wesentlich weiterentwickelt hat.

Ökumene (von griechisch Oikos = das Haus) nennt man die Bemühungen um Einheit und Zusammenarbeit unter den christlichen Kirchen.

Zur Vertiefung

- Ich nehme mir Zeit, um meine wirklich guten Freunde und Freundinnen vor mein inneres Auge zu holen, den Geschmack unserer Freundschaft zu verkosten und mich in Gedanken bei ihnen und bei Gott dafür zu bedanken.
- Ich überlege, was ich an meinen Freundschaften schätze, und schreibe auf: Sie oder er ist treu; verlässlich; für mich da; widersteht mir, wenn nötig; versteht mich; hört mir zu; hilft mir; ermutigt mich ... Dann lese ich die lange Liste als Litanei an Gott oder Jesus, meinen Freund: »Du, Gott/Jesus bist treu und verlässlich, bist für mich da, widerstehst mir, verstehst mich ...« – und lasse es wirken.

Ich verwandle deine Trauer in Jubel – Das Fest der »unschuldigen Kinder«

Die Theologin und freie Autorin Susanne Krahe hat in der Erzählung »Rahels Rache« eine eindrückliche Figur geschaffen: Rahel, die in der Schar um Jesus mitzieht, ihn aber belauert, innerlich bekämpft und ihn wie Judas verrät. Und warum? Rahel hat im bethlehemitischen Kindermord ihren Sohn verloren. Die Bilder des Grauens, als die Soldaten kamen und die Kinder dahinschlachteten, kann sie nicht vergessen.

Das Matthäusevangelium erzählt, dass König Herodes I., nachdem die Sterndeuter – die Heiligen Drei Könige – nicht mehr zu ihm zurückgekommen waren, misstrauisch und zornig wurde und in Bethlehem und Umgebung alle männlichen Kleinkinder bis zum Alter von zwei Jahren töten ließ – wohl um unter ihnen den von den Weisen angekündigten neuen König zu vernichten und diesen möglichen Konkurrenten auszuschalten. (Mt 2,16–18)

Was manche Exegeten nur als Gestaltungsdetail auffassen, das die Parallele zwischen Mose (der ja auch als Baby, vielleicht durch die Hilfe der Hebammen Schifra und Pua, der vorgeschriebenen Tötung der jüdischen männlichen Neugeborenen in Ägypten entging, vgl. Ex 1,15–2,10) und Jesus betonen soll, nimmt die Autorin Susanne Krahe wörtlich und fragt sich, wie es einer Mutter wohl geht, die weiß: Wegen dieses Mannes, der da so schön redet und dem die Leute nachlaufen, hat mein Kind sterben müssen. Noch immer hört sie das Schreien und Wimmern und spürt das blutige Bündel in ihren Armen. Und der Davongekommene spricht von Liebe und Barmherzigkeit. Welch ein Hohn!, denkt diese Rahel.

König Herodes war als grausamer Herrscher bekannt, und das brutale Aus-dem-Weg-Räumen möglicher Nebenbuhler um die Macht war schon immer ein Signum der Gewaltherrscher dieser Welt. Historisch belegt ist der Kindermord von Bethlehem allerdings nicht. Dafür wurde er in der Kunst viele Male dargestellt, oft recht realistisch. Quer durch die Jahrhunderte hatten viele Menschen offenbar eine genaue Vorstellung davon, wie das ist, wenn die Soldaten kommen und mordend durchs Dorf ziehen. Und auch heute leben Menschen, die mitangesehen haben, wie vor ihren Augen ihre Kinder abgeschlachtet wurden – im deutschen

Konzentrationslager, in Ruanda, in Srebrenica, im Irak ... Könnte es ihnen jemand verdenken, wenn auch sie zur Botschaft von Liebe und Barmherzigkeit sagen würden: Welch ein Hohn!?

Matthäus zitiert nach dem Befehl des Herodes ein Wort aus der Schrift des Propheten Jeremia, das sich da erfüllte: »Ein Geschrei war in Rama zu hören, lautes Weinen und Klagen: Rahel weinte um ihre Kinder und wollte sich nicht trösten lassen, denn sie waren dahin.« (Jer 31,15) Gemeint ist wohl eher nicht die biblische Schwester der Lea, die Frau Jakobs, denn ihre beiden Kinder, Josef und Benjamin, haben sie überlebt. Eher steht Rahel hier typisch für die jüdischen Mütter der Generation, die nach der Eroberung Jerusalems durch die Babylonier ins Exil ziehen musste.

Interessanterweise steht dieser Vers bei Jeremia aber inmitten eine Trostrede. Diese Rede verkündet die Wiederherstellung des Volkes und die Heimkehr der Vertriebenen. Sie spricht von Trost, von neuer Freude, von Jubel, von Fruchtbarkeit. »Ich verwandle ihre Trauer in Jubel, tröste und erfreue sie nach ihrem Kummer.« (Jer 31,13b) Und zur klagenden Rahel sagt Gott: »Verwehre deiner Stimme das Weinen und deinen Augen die Tränen. Denn es gibt Lohn für deine Mühe – so Gottes Spruch: die Kinder werden aus dem feindlichen Land zurückkehren. Es gibt eine Hoffnung für deine Zukunft – so Gottes Spruch: die Kinder werden zurückkehren in ihre Heimat.« (Jer 31,16–17)

Wenn Matthäus den Vers mit der Klage zitiert, klingen für Bibelkundige die anderen Aspekte mit: Neben Trauer und Verzweiflung steht die Hoffnung auf Erlösung und Befreiung, auf Wiederkehr und Wiedererstehen als Volk Gottes. Auch Matthäus hofft, dass die Gewalt der römischen Soldaten – und sie gehören als Besatzungsmacht ebenfalls zu seiner Lebenswelt – nicht das letzte Wort behalten wird. Dass am Ende nicht der Tod triumphiert. Dass nach Trauer der Jubel kommt – wie am Ostermorgen. Dass am Ende die Liebe bleibt und die Barmherzigkeit.

Susanne Krahe lässt ihre Rahel am Ende der Erzählung mit dem todgeweihten, von der Folter gezeichneten Jesus zusammentreffen. Rahel erkennt in ihm einen, der ebenfalls unschuldig zu Tode kommen wird. Erkennt den, der Gewalt nicht mit Gewalt beantwortet. In seiner Gegenwart wird ihr steinern gewordenes Herz weicher, und sie gewährt Jesus einen letzten Moment der Ruhe vor dem Kreuzweg. Und sie nennt ihn, erstmals, Freund.

»Ich warte und wache hier neben Dir, bis die Soldaten kommen. Seit den Tagen von Bethlehem weiß ich nicht mehr, was Angst ist; und darum, mein Freund, kann ich dir ein paar ihrer Schweißtropfen aus den Augenhöhlen tupfen. Spürst du es? Sie kehrt zurück: meine Barmherzigkeit. Sie ist wieder da: meine Liebe.«

Hintergrund

Bereits seit dem 2. Jahrhundert werden die so genannten »unschuldigen Kinder«, also jene laut Matthäusevangelium im Kindermord von Bethlehem Umgekommenen, als Märtyrer verehrt. Ihr Fest wird seit dem 5. Jahrhundert unmittelbar nach Weihnachten begangen. Auch in der Ostkirche gab und gibt es ein entsprechendes Beifest zu Epiphanie, dem orthodoxen Weihnachtsfeiertag.

Heute gibt es in manchen Pfarren an diesem Festtag, der am 28. Dezember gefeiert wird, Kindersegnungen, mancherorts auch Gedenkgottesdienste für Kinder, die vor, während oder kurz nach ihrer Geburt gestorben sind oder abgetrieben wurden.

Von Pua und Schifra ist im Buch Exodus die Rede (Ex 1,15–22). Sie sind Hebammen und sollen auf Befehl des Pharao von den Kindern der Israeliten nur die Mädchen am Leben lassen, die Jungen aber töten. Durch List und Mut entziehen sich die beiden Frauen diesem grausamen Befehl. Das zweite Kapitel des Buches Exodus erzählt dann, dass Mose von seiner Mutter drei Monate versteckt wurde, bevor sie ihn in einem Korb im Nil aussetzte. Von seiner Schwester beobachtet, findet die Tochter des Pharao das Baby und nimmt ihn als Sohn an (Ex 2,1–10).

Im Jahr 598 vor Christus wurde Jerusalem von babylonischen Truppen zerstört und der Großteil der Bevölkerung ins Exil weggeführt. Erst 539 vor Christus konnten die Auswanderer wieder in größerer Zahl zurückkehren. Die Zerstörung Jerusalems und der Gang ins Exil ist ein Thema des biblischen Buches des Propheten Jeremia.

Die Erzählung »Rahels Rache« findet sich in dem Buch von Susanne Krahe: Rahels Rache. Biblische Provokationen, Neukirchen-Vluyn: Neukirchener Verlagshaus 2000, auf den Seiten 53–66.

Zur Vertiefung

- Dass das Leben Jesu mit dem Tod anderer, Unschuldiger, verbunden erscheint, rührt an ein dunkles Geheimnis. Es rührt an das Rätsel des Bösen. Ich bringe im Gebet meine Klage darüber und meine Angst davor zu Gott.
- Ich bemühe mich darum, von Rache und auch Rachegedanken abzulassen.
- Ich frage mich, ob ich als Soldat fähig wäre, einen solchen Befehl des Kindermordes auszuführen. Ich überlege öfter und genauer, welche Auswirkungen meine Entscheidungen oder die Anordnungen, die ich befolge, auf andere haben: vom Einkaufen bis zur Firmenstrategie.

Warten und erkennen – Simeon und Hanna

Simeon und Hanna sind zwei alte Menschen. Von ihnen wird im Lukasevangelium erzählt im Zusammenhang mit den nach einer Geburt üblichen Riten des Volkes Israel (Lk 2,22–40). Sie begegnen uns beide im Tempel von Jerusalem – einem Ort, mit dem sich seit jeher die Hoffnung verbindet, dass hier die messianische Endzeit der Fülle, des Friedens und der Gerechtigkeit beginnen wird. Der Gerechte Simeon und die Prophetin Hanna leben hier wohl deshalb, weil sie dieser Verheißung trauen und auf Gottes Treue hoffen.

Von Simeon wird gesagt, dass er gerecht und fromm ist – sich also in besonderer Weise um die Erfüllung der Weisungen Gottes bemüht. Der Heilige Geist ruht auf ihm. In heutiger Sprache könnte man von ihm sagen: Er ist ein Mensch mit großer spiritueller Tiefe; einer, dem man anmerkt, dass er sich tief in Gott verwurzelt hat und der dabei in einem langen Leben weise geworden ist. In seinem Alter lebt er aus der Überzeugung, dass er nicht sterben wird, ehe er gesehen hat, dass die messianische Zeit des Heiles wirklich begonnen hat. So wartet er auf die Rettung Israels.

Die Gegenwart Israels sah damals allerdings nicht recht nach Rettung aus: Das Volk litt unter der römischen Besatzung; die Mächtigen hatten sich mit den Besatzern arrangiert; das Volk selbst zerfiel in viele Gruppierungen. Von einer Rettung, zu der nach alter Vorstellung immer auch die Wiederherstellung eines starken, geeinten und souveränen Israel gehörte, war also wenig zu spüren. Ein realistischer »Analyst« hätte wohl nicht dazu geraten, gerade darauf zu warten.

Doch Simeon erkennt in einem Kind, das ärmliche Eltern eines Tages in den Tempel bringen, den Messias: Er erkennt Heil und Herrlichkeit, erkennt Gottes Wirken in diesem Kind, erkennt, dass sein Vertrauen in die Verheißungen berechtigt ist. In diesem Vertrauen wird der Hochbetagte nun auch in Frieden sterben können.

Auch Hanna wartet. Sie ist eine Prophetin, eine Frau mit einer besonderen Einsicht in den Willen Gottes. Sie wartet auf das Heil, das Gott versprochen hat. Zwei Eigenschaften, mit denen Hanna beschrieben wird, weisen darauf hin, dass dieses Warten weder hoffnungslos noch vornehmlich durch einen Mangel gekennzeichnet ist: Hanna wird als Tochter Penuels bezeichnet – Penuel bedeutet: Ich habe Gott gesehen, und es ist die Bezeichnung, die der Stammvater Jakob dem Ort gibt, an dem er im Fluss mit Gott gerungen und Gottes Segen erhalten hat (Gen 32,31). Hanna trägt also ein Erbe: Sie weiß gewiss, dass Gott sich zeigt, und wenn das auch einmal ein Ringen bedeutet, so bringt es doch letztendlich Segen. Gott gibt sich zu erkennen und segnet dabei – das liegt Hanna sozusagen im Blut. Und sie ist aus dem Stamm Ascher: Wenn in der Bibel dieser Name erwähnt wird, ist von Glück und erfülltem Leben die Rede (Gen 30,13). Hanna kann also im Tempel ausharren und auf die Erlösung warten, ohne dabei nur an dem zu leiden, was noch nicht ist: Sie kann ausharren und warten aus der Erfahrung ihres Volkes, dass Gott nahe ist, sich zeigt, segnet und Leben in Fülle gibt. Auch das Warten auf das Kommen Gottes ist ein solches Leben in Fülle. Und genau diese Fülle erkennt Hanna in der Unscheinbarkeit eines kleinen Kindes, dessen Eltern treu die alten Riten befolgen. Hannas Warten, das die Fülle der Zeit abgeschritten hat, hat ihre Wahrnehmung so geschärft, dass sie Gottes Wirken in diesem Kind zu erkennen vermag, gegen den Augenschein; dass sie zu erkennen vermag, was hier unscheinbar beginnt: die Erlösung.

Warten und erkennen: Das sind die zwei Elemente eines gelingenden Lebens aus dem Glauben an Gottes Menschwerdung. Von Hanna und Simeon können wir lernen, auf Gottes Verheißungen zu vertrauen und auf die Erfüllung von Frieden und Gerechtigkeit auch dann zu warten, wenn die äußeren politischen Umstände das Gegenteil ansagen. Wo solches Warten nicht nur am Unfrieden und an der Ungerechtigkeit leidet, sondern auch Kraft aus den Quellen des Glaubens schöpft, dort ist solches Warten gewiss nicht ohne Wirkung. Und wir können lernen, wie Simeon und Hanna Gottes Wirksamkeit dort erkennen, wo neues Leben, neue Hoffnung aufbricht, und sei es auch in unscheinbaren Vorgängen – etwa bei all denen, die Kinder begrüßen und sich vertrauensvoll in die Tradition der Verheißungen Gottes stellen. Von der Prophetin Hanna und dem weisen Simeon wollen wir uns die Kraft ihres Gebetes erbitten, damit uns immer wieder neu die Augen aufgehen für Heil und Herrlichkeit inmitten unserer Welt.

Hintergrund

Die Beschreibung Hannas, die uns der Evangelist Lukas gibt, ist voller symbolischer Anspielungen, gerade auch bezüglich der genannten Zahlen: Sie war sieben Jahre verheiratet: Sieben ist die Zahl der Fülle. Sie lebte als Witwe im Tempel: also ganz auf Gott ausgerichtet. Und sie tat das 84 = 7 × 12 Jahre lang: sozusagen sieben Jahre für jeden der zwölf Stämme Israels. So wird sie zur Repräsentantin des ganzen Volkes Israel und seiner Geschichte: Nach einer Zeit der innigen Verbundenheit mit Gott kam eine lange Zeit des Wartens in Gebet und Fasten – und jetzt ist die Zeit erfüllt.

Der Lobgesang des Simeon, der Gott für das Heil, das Licht und die Herrlichkeit preist, die Simeon sehen durfte (Lk 2,29–32), ist fester Bestandteil des kirchlichen Nachtgebets, der so genannten Komplet. Gottes Gegenwart kann am Lichtglanz erkannt werden und Hoffnung geben in der Finsternis der Nacht.

Zur Vertiefung

- Ich achte heute auf die glänzenden Augenblicke. Fast jeder Tag hat Momente, die schön sind, in denen das Leben glänzt – herrlich ist. Ich sammle heute diese Augenblicke; vielleicht bekomme ich ein Senfkorn Hoffnung zusammen.
- Ich kann z.B. heute aufmerksam auf Freude achten: Bemerke ich, dass sich irgendjemand in meiner Umgebung freut? Vielleicht ist es Freude über etwas ganz Unscheinbares. Vielleicht ist es ein Kinderlachen in der Straßenbahn. Vielleicht ist es meine eigene Freude an einem guten Essen.
- Glanzpunkte des Lebens sind nicht nur herausragende Dinge, sondern z.B. auch das Abendrot über den Hochhäusern; das Lächeln der Kollegin; die Notiz in der Zeitung über eine erfolgreiche Hilfsaktion; das warme Wasser aus dem Wasserhahn; Geborgenheit in den eigenen vier Wänden; das Wissen, dass liebe Menschen an mich denken; die liebevollen Gedanken, die ich anderen schicke ...

Sich in der Welt einmischen – Der heilige Silvester

Papst Silvester I. kommt zur Bekanntheit seines Namens einfach durch das prominente Datum seines Festtages: letzter Jag des Jahres. Wer der Träger dieses Namens war, weiß wohl kaum jemand von denen, die an diesem Tag still oder ausgelassen den Übergang von einem Kalenderjahr ins nächste feiern. Auch die gesicherte Historie weiß nicht allzu viel über ihn, außer dass er Bischof von Rom und also Papst war, und zwar in der Zeit der so genannten Konstantinischen Wende, als Kaiser Konstantin die Haltung des römischen Imperiums zu den Christen gründlich veränderte. Das Christentum wurde fortan nicht mehr bekämpft, sondern gefördert.

Eine frühe Legende erzählt, Silvester habe Einfluss auf die Bekehrung des Kaisers gehabt, und zwar weil er ihn von einem Aussatz, der Konstantin befallen hatte, heilte. In einer Ausschmückung heißt es zudem, die kaiserlichen heidnischen Priester hätten als Kur für den Aussatz das Bad im Blute von Kindern geraten, Konstantin seien aber im Traum Petrus und Paulus erschienen, die ihn auf Silvester verwiesen. Nach der Heilung habe sich Konstantin taufen lassen und bekehrt.

Im Rückblick ist die mit Konstantin beginnende Allianz zwischen weltlicher Macht und Kirche sicher differenziert zu beurteilen: Niemand wird wohl an ihrer tiefen Ambivalenz und ihren sehr widersprüchlichen Auswirkungen auf die christliche Verkündigung und christliches Leben vorbeigehen können. Der Silvestertag jedenfalls eignet sich nicht nur zur persönlichen Rückschau auf das abgelaufene Jahr, er ist auch ein guter Zeitpunkt zur Reflexion über die Position der Kirche in der Gesellschaft sowie über die soziale und politische Relevanz des eigenen Glaubens jedes und jeder Einzelnen. Die Legende vom heiligen Silvester mag dabei hilfreich sein.

Denn auch heute scheint es manche zu geben, die als Heilmittel gegen das, woran unsere Gesellschaft krankt, das Blut Unschuldiger propagieren. Bei manchen Praktiken in unserer globalisierten Wirtschaft kann man den Eindruck haben, das sei allzu buchstäblich wahr und hier werde kalkuliert über Leichen gegangen – die mehr als 20.000 Kinder, die täglich verhungern, während Spekulationsgewinne mit Lebensmitteln erzielt werden, legen davon Zeugnis ab.

Aber auch im kleineren Maßstab ist das unfaire Austricksen anderer, um selbst voranzukommen, durchaus gang und gäbe. Wenn auf Konkurrenz, sprich Neid und Eifersucht, als wesentlicher Antriebskraft für Menschen gesetzt wird, darf nicht verwundern, dass es nicht fein zugeht.

Wer träumt heute angesichts all dessen noch von der Kirche? Welche großen kirchlichen Gestalten haben heute die Autorität und die Glaubwürdigkeit, um Menschen, zumal politisch einflussreiche, auf die Suche nach echten Alternativen zu schicken? Fühlen die, die heute die Kirche bilden, und die, die sie leiten, noch die Kraft, den Aussatz, die Wunden und Geschwüre der Welt heilsam zu behandeln? Trauen wir uns zu, zu einer Wende beizutragen? Vertrauen wir der Macht der Wandlung, die ja nicht unser Werk, sondern Gottes Heilstat ist?

Im Verhältnis zwischen Kirche und Gesellschaft kann Wende heute wohl nur bedeuten, dass die Kirche noch mutiger und entschiedener Kirche in der Welt von heute zu sein versucht – auf der Höhe der Zeit, in lebendigem Kontakt mit dem, was in der Gesellschaft vorgeht, an der Seite der Menschen, die in dieser Welt leben und ringen. Das ist der seit Weihnachten vorgezeichnete Weg, den Gott selbst gegangen ist: in die Welt hinein. Das heißt, sich in diese Gesellschaft hineinzubegeben, sie durchdringen zu wollen. In der großen Klarheit, dass die christliche Botschaft eine echte Alternative zu bieten hat gegen alle Tendenzen, die der Würde der Menschen als geliebte Gotteskinder zuwiderlaufen.

Viele, die sich im politischen und sozialen Engagement auf diesen Weg mitten in die Welt machen und dabei die gewohnten Zirkel der innerkirchlichen Kreise verlassen, erfahren Heilung – an sich selbst, an anderen, manchmal sogar noch weitgreifender: z.B. an den Umgangsformen der Firma, an den politischen Entscheidungen im Dorf, am Diskursstil in der Ethikkommission des Krankenhauses usw. Die Wende zum Heil gibt es auch heute, auch wenn davon noch nicht allzu viel in den Geschichtsbüchern steht.

Hintergrund

Silvester I. war 314–355 Papst, Bischof von Rom. In seiner Amtszeit vollzog sich die grundlegende Veränderung der Haltung der staatlichen Macht zum Christentum. Kaiser Konstantin (gestorben 337) förderte das Christentum, mischte sich auch kräftig in innerkirchliche Vorgänge ein und wurde erst am Totenbett getauft. Seine Taufe durch Papst Silvester und die Konstantinische Schenkung sind spätere Legenden. Unter Konstantins Nachfolger wurde das dreihundert Jahre lang immer wieder verfolgte Christentum römische Staatsreligion.

Mit Papst Silvester wurde im 8. Jahrhundert die so genannte Konstantinische Schenkung in Verbindung gebracht. In ihr wird behauptet, dass Konstantin den Päpsten Ehrenrechte gewährt und ihnen den Lateranpalast, die Stadt Rom, Italien und das ganze Abendland übertragen habe. Der Papst wird dabei als himmlischer Kaiser in Entsprechung zum irdischen Kaiser bezeichnet. Die Gültigkeit des Dokuments war immer wieder umstritten, fand jedoch Aufnahme ins Kirchenrecht und wurde zur Grundlage weltlicher Machtansprüche der Kirche.

Die »Pastoralkonstitution über die Kirche in der Welt von heute« von 1965 ist eines der bedeutendsten Dokumente des Zweiten Vatikanischen Konzils. Es reflektiert die gesellschaftlichen Herausforderungen für die Kirche und verpflichtet sie auf einen inkarnatorischen Weg, der hinausgeht zu den Menschen – dort findet die Kirche die Heilkraft ihrer eigenen Botschaft wieder. Trotz manchem zeitbedingten Ton und Thema enthält diese Pastoralkonstitution wesentliche Wegweisungen für die Kirche auch im 21. Jahrhundert.

Zur Vertiefung

Zum Jahreswechsel bieten sich Rückschau und Vorschau an.

- Ich kann das einmal mit der Frage tun, wo mein Glaube über mich hinaus auch für andere bedeutsam wird, wo er in meinem Umfeld relevant ist: Wer merkt etwas davon, dass ich Christ bin? Das muss nicht mit Worten ausdrücklich werden, gemeint sind vor allem die Wirkungen dessen, was ich motiviert durch meinen Glauben tue.
- Wie und wo kann ich im kommenden Jahr etwas dazu beitragen, die Wunden unserer Welt zu heilen?

Aus dem Vertrauen gefallen – Adam und Eva

In vielen Kalendern stehen am 1. Januar Adam und Eva in der Sparte Namenstag. Das nach biblischem Zeugnis erste Menschenpaar eignet sich für den ersten Tag im Jahr. Im kirchlichen Geschehen des Tages spielen die beiden allerdings keine besondere Rolle. Die römisch-katholische Kirche feiert am 1. Januar, dem achten Tag nach Weihnachten, das Hochfest der Gottesmutter Maria und stellt das neue Jahr so unter ihren besonderen Schutz. Zugleich wird der Beschneidung Jesu gedacht, die ja für den achten Tag nach der Geburt vorgeschrieben war (Lk 2,21).

Dabei ist eine Verbindung von Eva zu Maria nicht schwer zu finden. Der rätselhafte Zuspruch an Eva im Buch Genesis, sie werde die Schlange am Kopf treffen (Gen 3,15), wurde in der Tradition auf Maria bezogen und taucht in apokalyptischen Darstellungen auf. Dabei gerät Maria als die Reine in Gegensatz zur sündigen Eva. Als Töchter Evas verachtet und im Blick auf Maria auf eine kaum menschliche Reinheit verpflichtet, können Frauen aller Jahrhunderte ein schmerzliches Lied von diesem Zwiespalt singen. Bekannt ist für geübte Kirchgeher auch die Verbindung zwischen Adam und Christus, obwohl die nicht in der Weihnachtszeit, sondern zu Ostern besungen wird: »O glücklich Schuld des Adam, welch großen Erlöser hast du gefunden!«, heißt es im österlichen Exsultet. Durch Menschwerdung und Auferstehung Jesu Christi ist die gute Ausgangssituation des Paradieses wieder neu ermöglicht, beginnt eine neue Schöpfung.

Obwohl ich froh bin, dass in der Osternacht, beim eben zitierten großen Loblied, einmal nicht der Frau die Hauptschuld gegeben wird, ist mir die alleinige Nennung des Adam doch zu wenig. Adam und Eva haben gemeinsam gesündigt, und so sind auch in Christus alle Menschen, Männer wie Frauen, erlöst worden.

Was ist Sünde? An Adam und Eva lässt sich ablesen, was sie im Kern bedeutet: aus der Beziehung zu Gott herauszutreten, Gott mit Misstrauen zu begegnen und die Sache lieber selbst in die Hand zu nehmen; sich an Gottes Stelle zu setzen, statt mit ihm Gemeinschaft zu haben; sich um sich selbst zu drehen, anstatt offen zu sein.

Jesus Christus verkörpert die andere Möglichkeit, Mensch zu sein: ganz mit Gott verbunden, in inniger Verbundenheit und Gemeinschaft, aus dem Vertrauen leben und für andere da sein. Glücklicherweise können wir jeden Tag neu damit anfangen, Christus darin ähnlich zu werden. So werden wir, die wir von der Erde genommen sind, Mütter und Väter des Lebendigen.

Hintergrund

Von Adam und Eva erzählen die Kapitel 2 und 3 des Buches Genesis, des ersten Buchs der Bibel, das mit der Schöpfungsgeschichte beginnt. Der Name »Adam« bedeutet: der von der Erde Genommene, der Erdling, der aus Erde Gemachte. »Eva« bedeutet: Mutter aller Lebendigen. Beiden übergibt Gott die Welt, vorgestellt als Paradiesgarten. Von der Schlange lassen sich Adam und Eva überreden, auch von dem Baum zu essen, den Gott aus ihrer Verfügungsgewalt über die Dinge der Welt ausdrücklich ausgenommen hatte. Diesen so genannten »Sündenfall« kann man als Herausfallen aus dem Vertrauen in Gottes Weisungen interpretieren.

Die Darstellung Marias als eine, die eine Schlange zertritt, bezieht sich auf den Vers Gen 3,15, in dem Gott zur Schlange spricht: »Feindschaft setze ich zwischen dich und die Frau, zwischen deinen Nachwuchs und ihren Nachwuchs. Er trifft dich am Kopf, und du triffst ihn an der Ferse.« Maria wird als Siegesbringerin über die Mächte des Bösen, die in der Schlange erscheinen, dargestellt. Im Hintergrund sind dabei auch apokalyptische Bilder aus der Offenbarung des Johannes (vgl. vor allem Kapitel 12).

Das Exsultet ist das große Loblied auf die Nacht der Erlösung, das in der Osternachtsfeier vorgesungen wird.

Zur Vertiefung

- Von Adam und Eva heißt es, dass sie wie Gott sein wollten und das Vertrauen auf Gott verletzt oder verloren haben. Ist es für mich schwer oder leicht, Gott zu vertrauen? Was macht es mir schwer, Gott zu vertrauen, und was hilft mir dabei?
- Mensch zu sein heißt, Kreatur, Geschöpf zu sein. Empfinde ich mein Geschaffensein mehr als Einschränkung und Behinderung oder als Ermöglichung und geschenkte Freiheit in Bezogenheit?
- Ich achte darauf, Klischeevorstellungen über Frausein und Mannsein hinter mir zu lassen, »denn alle sind eins in Christus« (Gal 3,28).

Fantasie und alte Weisheit – Rauhnächte und die Wilde Jagd

Zur Weihnachtszeit gehört für mich auch der Brauch des Räucherns. Früher war es wohl in allen zwölf »Rauhnächten« = Räuchernächten, den Nächten zwischen Heiligabend und Dreikönig, üblich, in meiner Heimatgegend ist es das bis heute zumindest am Abend des 24. Dezember sowie am Vorabend zum 6. Januar. Mit Weihrauch und Weihwasser gehen wir durch die Räume und bitten um Reinigung, Schutz und Segen. Wo vorhanden, werden auch die Tiere im Stall mitbedacht.

Im Zuge des neu erwachten Interesses an Spirituellem bzw. an ganzheitlichen Zugängen zu guter, förderlicher Lebensgestaltung ist neben Aromatherapie, Bachblüten, Kräutertees und vielem anderen auch das Räuchern wieder zu Ehren gekommen und Räucherwerk mittlerweile nicht mehr nur in Esoterikläden erhältlich. Hier wie an vielen anderen Stellen wird altes Wissen neu ausgegraben und genutzt. Die Veränderung des Raumklimas durch das Verräuchern von Kräutern und Harzen ist eine uralte sinnvolle Kulturtechnik.

Bei meinen Vorfahren war ihre Anwendung auch mit der Vorstellung verbunden, damit Geister abzuwehren, die im Volksglauben gerade diese dunkle Jahreszeit zahlreich bevölkern. Da zieht die so genannte Perchtmutter mit ihren Kindern durchs Land und will auf der Tenne tanzen. Da bringen Lichtgestalten Kunde von der Sonnenwende. Da braust die Wilde Jagd im Sturm vorbei. Viele Geschichten und manches Brauchtum ranken sich um solche Vorstellungen. Ihnen wendet sich zuweilen auch das spätmoderne Interesse für Religiöses neu zu.

Ganz gleich, ob alt und ererbt oder neu entdeckt und zusammengeklaubt, aus einer aufgeklärten theologischen Perspektive sieht da vieles nach Aberglauben und falsch und irreführend aus. Und selbstverständlich ist wirklich Vorsicht geboten, denn es sind genug Scharlatane unterwegs, und es ist gewiss nicht jede Vorstellung und Praktik mit dem Christentum vereinbar. Zugleich kennt aber auch die katholische Lehre die Rede von Mächten und Gewalten, von Engeln, von jenen Kräften zwischen Himmel und Erde, die nicht so leicht einzuordnen und zu greifen sind, denen aber doch manche Erfahrung zu entsprechen scheint.

So scheint mir doch auch offene Neugier angebracht auf alte Bräuche und auch auf manche ihrer Neuauflagen. Es ist in ihnen die Chance geborgen, feinfühliger zu werden für die Zwischentöne dieser Welt. Für das, was eben nicht so leicht fassbar ist – weder im handgreiflichen Sinn noch im Sinne rationaler Erklärbarkeit.

Die Bibel ist voll davon, auch die Weihnachtstexte: Da erscheinen Engel; da werden im Traum zentrale Botschaften erkannt; da geht ein besonderer Stern auf. Auch die Heiligenlegenden wissen darum: Da neigt sich Barbaras Turm; da nimmt eine sich auftuende Felsspalte, die Mutter Erde, die fliehende Jungfrau auf.

Manchmal finde ich es schade, dass wir im Christentum wenig Formen entwickelt (und seit der Aufklärung viele noch verloren) haben, um Zugang zu bekommen zu diesem Kosmos, in dem es um Intuition geht; um Verbindungen mit Menschen, Tieren, Pflanzen, die unsere üblichen Kommunikationswege übersteigen; um andere Möglichkeiten, schöpferisch und wirksam zu sein; um andere Bewusstseinszustände; um das so genannte Feinstoffliche – oder wie immer man es nennen möchte.

Wenn ich mich zuweilen neugierig dieser Welt annähere, gibt es ein zentrales Kriterium, nach dem ich auswähle, was ich tue oder an mir geschehen lasse: nämlich ob es mein Vertrauen in die Liebe Gottes stärkt. Vor allem, was Angst und eng macht, sollten wir auf der Hut sein. Ebenso vor jedem Versuch, andere oder mich selbst zu manipulieren. Interessant finde ich, was meine Fähigkeit stärkt, mich in die Hände Gottes hinein loszulassen, und was mir hilft, präsent zu sein – ganz gegenwärtig und achtsam in der Gegenwart Gottes.

Wie gesagt, auch die kirchliche Lehre kennt Engel, Mächte und Gewalten. Aber sie hält klar fest, dass nichts davon heilsbedeutsam ist. Das bedeutet: Das, worauf es letztlich ankommt, ist der Glaube an den dreifaltigen Gott und die praktische Nachfolge Christi. Alles andere bildet ein weites Feld, in dem ausprobiert und gespielt werden kann, in dem sich Fantasie mit alten Weisheiten paaren darf und wiederentdeckte Bräuche die Lebensqualität verbessern können.

Hintergrund

Bei der weitverbreiteten Tradition des Räucherns geht man mit Weihrauch und zumeist auch mit Weihwasser betend (meist den freudenreichen Rosenkranz) und segnend durch das Haus oder die Wohnung, reinigt und segnet alle Räume, bittet um Schutz und schreibt auf die Tür C+M+B und die Jahreszahl: Christus mansionem benedicat – Christus segne dieses Haus (wobei viele einfach Caspar, Melchior und Balthasar lesen).

Heute sind es auch oft die Sternsinger, die dieses Segenszeichen an die Türen schreiben. Sternsinger sind Kinder aus den Pfarreien, die als Heilige Drei Könige verkleidet in die Wohnungen gehen, mit Liedern oder Sprüchen von der Weihnachtsbotschaft erzählen und um Geldspenden bitten für arme Kinder in aller Welt.

Die Bräuche und Sagen sind in jeder Region ein wenig anders. Bei uns in Europa kreisen sie oft um die Spannung zwischen Dunkelheit und Licht und den Vegetationszyklus. Oft laden die Praktiken dazu ein, sich harmonisch in die Rhythmen der Natur einzureihen und die in ihr wirkenden Kräfte als heilig wahrzunehmen.

Über die kirchliche Lehre zu Engeln kann man z.B. im Katechismus der Katholischen Kirche nachlesen unter den Nummern 327–336.

Zur Vertiefung

- Es kann sehr anregend sein, nach alten Bräuchen aus der eigenen Wohn- und/oder Heimatgegend zu forschen. Oft macht es mehr Sinn, sich auf die bodenständigen Traditionen zu besinnen, als Importware aus anderen Ländern oder Kontinenten einzuführen.
- Ich versuche, achtsam zu sein auf die Kräfte der Natur: auf die Wirkweisen von Kräutern und anderen Pflanzen sowie auf die vielen Möglichkeiten, sie zu nutzen: in Tees, Salben, Räucherwerk, ätherischen Ölen usw. – in Dankbarkeit für Gottes Schöpfung.
- In der traditionellen Vorstellung von einem Schutzengel, der mich begleitet, kann ich ein Bild der Liebe Gottes sehen, die mich ganz persönlich meint. In Situationen, in denen ich Angst habe oder aufgeregt bin, kann ich mich der Gegenwart meines Schutzengels vergewissern, mir vorstellen, wie er neben oder hinter mir geht oder steht – und mir Gottes Schutz und Segen vermittelt.

VII

Weitergehen mit Maria und Josef

Gerade für Maria und Josef ist die Krippe erst der Anfang. Wir dürfen ihnen folgen, wie sie getreu die Verpflichtungen ihres Glaubens erfüllen, das Kind beschneiden lassen, ein Opfer im Tempel darbringen und den Heranwachsenden auf die Wallfahrt mitnehmen. Zu ihrer Geschichte gehört aber auch die dramatische Flucht nach Ägypten, die Erfahrung von Fremde und Ausgesetztsein. Und wohl auch der ganz normale Alltag daheim.

Was uns die Evangelien erzählen, ist Einladung, nicht beim niedlichen Kind in der Krippe stehen zu bleiben: Ich bin gerufen, mich der Frage zu stellen, wohin Jesus mich führen möchte, und mich darauf einzulassen, ihn immer wieder neu zu suchen und seinen Weg zu den Armen und in das Reich Gottes mitzugehen.

Arme bringen Gott – Maria und Josef bringen Jesus in den Tempel

»Wir sind von den Armen evangelisiert worden.« So fassen oft diejenigen, die sich gemäß der kirchlichen Option für die Armen auf den Weg gemacht haben, ihre Erfahrung zusammen. Schon die französischen Arbeiterpriester der 1950er-Jahre beschreiben, wie sie dachten, sie würden Gott zu den Arbeitern bringen, und dann entdeckten, dass sie selbst unter diesen Menschen auf ganz neue Weise Jesus begegneten. Das Leben mit und unter den Armen kann das eigene Christentum neu und anders bewusst machen. Vieles gewinnt erst aus solchen Erfahrungen seinen wirklichen Sinn, seine besondere Tiefe.

Père Joseph Wresinski, der jahrzehntelang in einem Flüchtlingslager und Armenviertel in Paris als Priester gewirkt hat, erzählt, wie er erkannte, dass genau die Menschen, mit denen er zu tun hat, jene sind, von denen das Evangelium handelt: Jesus hat arm und mit armen Menschen gelebt. Manches aus dem Neuen Testament wird erst so recht verständlich, wenn es aus der Perspektive armer Leute betrachtet wird.

Aus dieser Perspektive fällt ins Auge, dass auch Maria und Josef nicht reich sind. Als Dankopfer für ihren neugeborenen Sohn bringen sie die »Schmalspurvariante«: kein Schaf, sondern zwei Tauben (Lk 2,22–25). So schreibt es das Gesetz für die vor, die sich kein Schaf leisten können (Lev 12,8).

Als sie nun mit ihrem Kind und den bescheidenen Opfergaben in den Tempel kommen, erregen sie unerwartetes Aufsehen. Simeon und Hanna, zwei weise und fromme alte Menschen, erkennen in dem Knaben den Messias. Sie entdecken, dass Gott nicht nur im Heiligtum zu suchen ist, sondern dass er ihnen in diesem Kind entgegenkommt. Das hilft ihnen zu verstehen, was mit den Verheißungen eines messianischen Zeitalters des Friedens und der Gerechtigkeit gemeint war (Lk 2,25–38).

Arme Menschen bringen Gott ins Heiligtum. Nach den Erfahrungen derer, die sich um eine Kirche der Armen bemühen, stimmt das auch heute. Die Armen bringen Gott in die Kirche. Ohne das Zeugnis ihres Lebens und Glaubens ist Gottes Botschaft kaum zu verstehen. In der gelebten Solidarität gewinnt das Evangelium erst seine Kraft und Bedeutung.

Wo wir uns selbst vor Gott und den anderen als angewiesen und bedürftig zu erkennen geben, können wir das ebenso erfahren wie dort, wo wir uns in Sachen konkreter Nächstenliebe engagieren. Dabei kann auch uns der Sinn der Verheißungen Gottes neu aufgehen.

Hintergrund

Als Arbeiterpriester bezeichnet man eine Gruppe von Klerikern, die in Frankreich nach dem Zweiten Weltkrieg ganz normale Stellen als Arbeiter in Fabriken und Bergwerken annahmen und, indem sie das Leben der anderen Arbeiter teilten, Zeugnis von ihrem Glauben gaben und priesterlich wirkten. Diese Form priesterlichen Dienstes wurde zwar 1959 nach politischen Konflikten vom Vatikan verboten, hat aber in späteren sozialen Aufbrüchen in der Kirche positiv weitergewirkt.

Der schon genannte Père Joseph Wresinski (1917–1988) gründete die Bewegung »ATD – Vierte Welt«, die sich bis heute weltweit für arme Menschen und die Überwindung von Armut einsetzt (Siehe www.atd-viertewelt.de).

Zur Vertiefung

- Zähle ich mich zu den Reichen oder den Armen? Wie schaue ich auf die, die weniger Besitz und weniger Chancen haben als ich und meinesgleichen?
- Kenne ich die Erfahrung, dass mir der Einsatz für andere meinen Glauben neu begreiflich macht? Habe ich den Mut, mich auf solche Erfahrungen einzulassen?

Kinder gehören Gott – Maria und Josef vollziehen die vorgeschriebenen Riten

Josef und Maria sind fromm. Der genaue Vollzug der religiösen Riten rund um die Geburt ist ihnen wichtig. Sie lassen Jesus beschneiden und bringen ein Opfer dar. Dafür gehen sie eigens nach Jerusalem. Sie vertrauen sich und ihr Kind Gott an (Lk 2,21–24), gemäß der Vorschrift: »Jede männliche Erstgeburt soll dem Herrn geweiht sein« (Lk 2,23 bzw. Ex 13,2), und mit den vorgeschriebenen Opfergaben.

Der alte Ritus mag uns archaisch vorkommen oder unverständlich sein. Was soll das heißen, die Erstgeburt ist Gott geweiht? Gehört das Kind Gott? Muss es Gott erst abgekauft werden durch das Opfer? Emotional wird wohl auch damals im Vordergrund gestanden haben, dass Gott gedankt wird und die dargebrachten Gaben ein Zeichen dieses Dankes sind. Und dennoch bewahrt auch diese Idee, das Kind im Heiligtum sozusagen zurückzugeben, eine wichtige Wahrheit in sich.

Vielleicht hilft Josef und Maria ja ihre Armut, dieser Wahrheit nachzuspüren: nämlich der Einsicht, dass – wie alles im Leben – auch Kinder im Grunde eine Art Leihgabe sind und kein eigener Besitz. Sie sind uns anvertraut, aber nie dürfen wir über sie verfügen. Kein Mensch gehört einem anderen. Nur Gott kann von uns sagen: »Sie ist mein.« Oder: »Er ist mein.«

Zur Elternschaft gehört die Kunst, ganz für die Kinder da zu sein und sie zugleich immer mehr loszulassen. Je mehr Erwartungen sich an die Kinder knüpfen, desto schwieriger mag das sein. Oft liegt auf lang erwarteten Wunschkindern ein besonderer Druck. Manche Kinder werden ganz besonders umsorgt. Oft sind es gerade die, deren Weg ins Leben sich nicht so unproblematisch und gradlinig entwickelt, wie sich die Eltern das wünschen.

Um Kinder, Wunsch- wie Problemkinder, für ihr eigenes Leben freigeben zu können, mag es hilfreich sein, sich daran zu erinnern, dass Gott keine Enkelkinder hat. Jeder Mensch ist direkt ein von Gott geliebtes Kind. Mit jedem Menschen geht Gott seinen ganz eigenen unverwechselbaren Weg. Um jeden Menschen sorgt sich Gott.

Jeder Mensch muss für sein eigenes Leben freigegeben werden, seinen eigenen Weg gehen dürfen. So realisiert sich seine Würde. Und das gilt nun gewiss nicht nur in der Beziehung zwischen Eltern und Kindern, sondern auch in der zwischen Partnern, Freunden sowie in jeder Beziehung, in der Menschen für andere Sorge tragen, z.B. auch in dem heiklen Bereich der Pflege von Kranken und Alten. Immer ist es wichtig, dem anderen Menschen Freiraum zu lassen, den ganz eigenen Weg zu gehen.

Denen, die diesem Menschen nahestehen, kann dabei auch einmal ein Schwert durch die Seele dringen (vgl. Lk 2,34f). Fest darauf zu vertrauen, dass wir letzten Endes alle bei Gott geborgen sind, mag auch dann hilfreich sein.

Dieses Vertrauen wirklich zu spüren ist eine Gnade. Wie Maria und Josef vertrauensvoll den religiösen Riten zu folgen und sich durch sie Gott anzuvertrauen kann helfen, für diese Gnade empfänglicher zu werden.

Hintergrund

Der Tora folgend wurden und werden z.T. bis heute jüdische Knaben acht Tage nach der Geburt beschnitten. Dabei wird die Vorhaut entfernt, und es erfolgt auch die Namensgebung. Die Beschneidung gilt als Zeichen des Bundes zwischen Gott und Israel und als Unterscheidungsmerkmal zu anderen Völkern.

33 Tage nach der Geburt eines Knaben und 66 Tage nach der eines Mädchens stand das Reinigungsopfer für die Mutter an (Lev 12). Damit wird bei Lukas das Auslösen der Erstgeburt verbunden. Nach alter Sitte gehörte das erste Kind einer Frau und die Erstgeburt eines weiblichen Tieres Gott. Die Tiere wurden als Opfer dargebracht, die Kinder durch Opfertiere ersetzt (Ex 13, Num 18).

Zur Vertiefung

- Wo habe ich mit Menschen zu tun, die von mir abhängig sind oder für die ich sorge? Kinder, Alte, Pflegebedürftige, Antragsteller. Schüler und Schülerinnen. Die neue Kollegin, die ich einarbeiten soll. Der behinderte Nachbar, bei dem ich gelegentlich nach dem Rechten sehe ...

- Wo immer ich für andere sorge, die auf mich angewiesen sind, ist es wichtig, mich immer wieder daran zu erinnern, dass sie eigene Menschen mit eigener Würde sind, eigenem Willen und einer ganz eigenen Beziehung zu Gott. Meine Hilfe bzw. meine Art, ihnen zu begegnen, sollte davor immer die Ehrfurcht bewahren.
- Vielleicht hilft es mir, mir einen Merksatz aufzuschreiben und an geeigneter Stelle aufzuhängen, z.B.: Gott hat keine Enkelkinder. Oder: NN gehört Gott.

Gefährdet und ausgesetzt – Die Flucht nach Ägypten

Wäre der Engel nicht gekommen und hätte Josef nicht gewarnt und zur Flucht aufgefordert, wäre der neugeborene Jesus den Häschern des Königs Herodes in die Hände gefallen. So legt es die Logik der biblischen Erzählung bei Matthäus jedenfalls nahe (Mt 2,13–15).

So gefährdet, so ausgesetzt ist das Heil der Welt. Von Zufällen abhängig? Was, wenn Josef – in der Linie des Bibeltextes gefragt – die Botschaft nicht wahrgenommen, nicht verstanden hätte? Oder sich darauf verlassen hätte, dass Gott schon nicht zulassen wird, dass diesem Kind etwas passiert? Ich staune, wie sehr sich Gott mit der Menschwerdung in unsere Hände gegeben hat. Matthäus zeigt: Jesus ist von Beginn an angewiesen auf unsere Bereitschaft, ihn zu erkennen und anzuerkennen, und auf unsere Fähigkeit, das zu verstehen und zu befolgen, was Gottes Botschaft an uns ist.

Wenn wir noch einmal in die erzählte Geschichte – in der Fassung des Matthäus – einsteigen, können wir auch fragen: Ob sich Maria und Josef das alles nicht ganz anders vorgestellt haben mit diesem göttlichen Kind? Da wird Josef zuerst geheimnisvoll mitgeteilt, dass Marias Kind vom Heiligen Geist stammt und Gottes Verheißung durch ihren Sohn erfüllt wird. Dann kommen Weise und loben dieses Kind als ein ganz besonderes. Und dann kommt es ganz anders: Aufbruch, Flucht. Weg aus dem gelobten Land, aus der Heimat; nach Ägypten, in die Fremde; dorthin, wo Israel einmal herkam, damals als Gott es rettete und Mose, Miriam, Aaron und das Volk auf Gott hörten und seiner Verheißung in die Freiheit folgten. Dorthin soll Josef mit Frau und Kind fliehen. Heißt das: Zurück an den Start?

Zur Hüterin, zum Hüter des Heiligen, der Gegenwart Gottes unter uns, bestellt zu sein war und ist wohl nie einfach. Nicht für das erwählte Volk Israel, nicht für Mose und Miriam, Aaron und Josua, nicht für die Prophetinnen und Propheten, nicht für Maria und Josef. Auch nicht für die Kirche.

Mit Jesus Christus unterwegs zu sein in unserer Welt heißt wohl auch, sein Ausgesetztsein und seine Angewiesenheit zu teilen. Und mit ihm zu erfahren, wie oft gerade der, der sich aussetzt, der sich bedürftig zeigt und für die Bedürftigen eintritt, als Gefahr angesehen und bekämpft wird. Das Gute ist in der Welt immer gefährdet und ausgesetzt, zerbrechlich und angewiesen auf Schutz und Sorgsamkeit. Wenn Jesus mit Maria und Josef nach Ägypten geschickt wird, ist das vielleicht auch die Einladung, dass sie sich einüben in diese Sorgsamkeit um das Gute – und zwar genau an diesem für Israels Geschichte so bedeutsamen Ort. Israel ist den Weg durch die Unterdrückung und die Befreiung gegangen und den langen Weg durch die Wüste, um zu erfahren, was es heißt, sich in der Gefährdung des Lebens ganz auf Gott zu verlassen, und um zu lernen, wie das Gute, das Gott unter Menschen wirkt, sorgsam bewahrt und dauerhaft miteinander gelebt werden kann. Zurück an den Start also, um Vertrauen zu lernen?

Alles Heile in dieser Welt ist zerbrechlich – ein Neugeborenes, die Liebe, das Glück, die Lebensfreude. Wie Maria und Josef sind auch wir berufen, Heiles und Gutes zu schützen und es sorgsam zu pflegen. Wenn nötig auch dadurch, zu fliehen, wegzugehen. Mag das auch feige aussehen oder zunächst nach mangelndem Vertrauen. Auch einem Konflikt auszuweichen kann zuweilen das Gebotene sein. Wahrscheinlich braucht es vor allem die Bereitschaft, den Weg durch die Wüste, den Weg der Befreiung noch einmal mit Gott zu gehen. Und es braucht die Klugheit, die merkt, wann es Zeit ist, wieder zurückzukehren, und den Mut, das dann auch zu tun.

Die Zerbrechlichkeit des guten Lebens macht mich demütig, und ich staune über Gottes Menschwerdung in dieses zerbrechliche und angewiesene Leben hinein.

Hintergrund

Das Matthäusevangelium macht immer wieder auf Parallelen zwischen Jesus und Mose aufmerksam. Wie Mose entkommt Jesus der Tötung als Kind. Wie Mose verkündet er von einem Berg die Lebensregeln Gottes für sein Volk. Wie Mose führt er das Volk in eine neue Freiheit, in ein neues Leben mit Gott.

Mose ist der Prophet, mit dem Gott wie von Angesicht zu Angesicht redete (Dtn 34,10), wie ein Freund mit dem Freund (Ex 33,11); dennoch hat Mose nur Gottes »Rücken« schauen können (Ex 33,21f). Mose scheidet mit der Verheißung: »Einen Propheten wie mich wird der Herr, dein Gott, aus deiner Mitte heraus ... erstehen lassen, auf ihn sollt ihr hören« (Dtn 18,15). Mit Jesus Christus ist diese Verheißung eingelöst, eingeholt und überboten: Er kennt Gott wirklich von Angesicht zu Angesicht und tiefer als ein Freund den anderen. »Er hat Kunde gebracht.« (Joh 1,18).

Zur Vertiefung

- Wenn wir von einem Unfall hören, einer schweren Krankheit, dem Scheitern einer Beziehung, streift uns die Zerbrechlichkeit des Heils – oder trifft uns voll, wenn sie uns selbst widerfährt. Habe ich das schon einmal erlebt? Gab es etwas oder jemand, der/das mich damals getragen hat? Oder: Ahne ich, ob und was und wer mich dann noch tragen könnte?
- Wüstenzeiten können ebenso wie hohe Glückszeiten Zeiten der besonderen Erkenntnis dessen sein, wie wertvoll gutes Leben ist und wie sehr ein Geschenk. Kenne ich diese Erfahrung tiefer Dankbarkeit? In Zeiten der Gefährdung des Guten kann es hilfreich sein, solche Erinnerungen und ihre Kraft wachzurufen.
- Wenn ich schöne, zerbrechliche Schmuckstücke in meiner Wohnung abstaube oder etwas repariere, wenn ich die Blumen gieße oder den Kompost umgrabe, wenn ich die Kinder ins Bett bringe, für meine Freundin koche und auch wenn ich meine trockene Haut pflege oder das entzündete Barthaar, kann ich das ganz aufmerksam tun und mich bewusst dabei einüben darin, dem kostbaren Leben sorgsam zu begegnen.

Das Vertraute vertiefen – Alltag in Nazareth

Ob sich Maria und Josef das alles nicht ganz anders vorgestellt hatten mit diesem göttlichen Kind? Auch wenn ich mich in die Erzählung der Kindheit Jesu im Lukasevangelium einfühle, kommt mir diese Frage. Ganz lapidar wird hier davon erzählt, dass Maria und Josef nach Erfüllung aller Vorschriften wieder heimgingen nach Galiläa, in ihre Stadt Nazareth, wo das Kind heranwuchs. Es heißt, dass Gottes Gnade auf ihm ruhte und Gott es mit Weisheit erfüllte (Lk 2,39–40).

Sehr aufregend klingt das nicht. Hätte man sich nach all dem Rummel um die Schwangerschaft und den Neugeborenen nicht mehr erwarten können? Stattdessen »Business as usual«, Alltagsleben eben.

Viel mehr erfahren wir aus den Evangelien auch nicht über die gut dreißig Jahre, die noch vergehen, bis Jesus als Prediger und Wundertäter durchs Land ziehen wird. Nur vom Zwölfjährigen und seinem Ausflug unter die Gelehrten im Tempel wird noch erzählt (Lk 2,41–52). Ansonsten keine Vorkommnisse. Normales Leben. Alltag.

Das wurde offenbar schon bald als enttäuschend empfunden, und so finden sich in den teilweise legendenhaften, so genannten apokryphen Schriften auch Anekdoten über den Jesusknaben. Er soll z.B. Steine in Vögel verwandelt haben. Mir fällt dazu ein köstlicher gezeichneter Witz ein, den ich vor ein paar Jahren gesehen habe: Ein trotziges Jesuskind mit verschränkten Armen schwebt über dem Wasser eines Waschtrogs, und eine entnervte Mutter Maria steht daneben und sagt: »Sei endlich brav, Jesus, und bade jetzt.«

Auch diese humorvolle Gestaltung der Wissenslücke über Jesu Kindheit erzählt von Alltag, vom typischen Alltag mit Kindern. Der ist oft nervig, manchmal zermürbend. Und so mancher Vater und manche Mutter mag da schon einmal enttäuscht zugeben, dass sie sich das anders vorgestellt hatten in der ersten großen Freude. Vielleicht haben ja auch sie besondere Erwartungen in das Kind gesetzt: dass es dem Leben eine neue Richtung und einen tieferen Sinn gibt, dass es die Beziehung wieder kittet, dass es den mühsam gewordenen Alltag im Beruf unterbricht ... Was dann kommt, ist oft nicht das ganz Andere, sondern wiederum normales Alltagsleben. Und so manchen geht das nicht erst beim Kind so, sondern schon mit der Partnerin oder dem Partner: Aus den Verheißungen des zauberhaften Anfangs wird ganz gewöhnlicher Beziehungsalltag ...

Warum hat das Normale, das Gewöhnliche, Beständige, Gleichförmige eigentlich so einen schlechten Ruf? Ist wirklich jeder Alltag grau? Vielleicht liegt ja darin die echte Lebenskunst, das Alltägliche so zu gestalten, dass sich gerade aus ihm Sinn und Tiefe des Lebens erschließen. Vielleicht würde uns das so manche angestrengte Jagd nach Neuem, nach dem nächsten Kick ersparen.

Alltag kann in seiner Vertrautheit auch bergend erlebt werden und als Einladung, sich in aller Ruhe so weit einzulassen, bis er seine ganze Schönheit und Süße zeigt. Alle religiösen Traditionen der Welt empfehlen geduldig zu beschreitende Übungswege. Auch diese haben viel mit alltäglicher Beständigkeit zu tun. Und zugleich gilt die Verheißung, dass für die, die diese Wege gehen, der Alltag ganz und gar nicht grau ist, weil sie über die täglichen Wunder zu staunen lernen. Vielleicht ruht so ja die Gnade auf ihnen.

Wer den täglichen Weg der Vertiefung geht, wird auch klarer sehen, welche Veränderungen tatsächlich anstehen, wo gegen die Alltagsroutine Aufbruch und Neubeginn angesagt sind, um – auch im geistlichen Sinne – gut weiterwachsen zu können. Mag sein, so zeigt sich die Weisheit.

Denn im beständig und treu gelebten Alltag, mit all seinen Mühen und Freuden sowie mit seiner Einladung, in die Tiefe zu gehen, ist das wohl für alle vorgesehen: Wachsen unter der Gnade Gottes, erfüllt mit Weisheit. Vielleicht liegt darin ja sogar mehr und Größeres, als wir uns zunächst vorstellen konnten ...

Hintergrund

Schon seit dem 2. nachchristlichen Jahrhundert entstehen ausschmückende Erzählungen über Jesu Leben, insbesondere das so genannte Protoevangelium des Jakobus, das vor allem von der Mutter, der Geburt und der Kindheit Jesu erzählt, und das Thomasevangelium (Evangelium Thomae de Infantia Salvatoris), das Wundertaten des Jesusknaben beschreibt. Später kommen Schriften in Syrisch, Koptisch, Armenisch und schließlich Latein dazu. Keine dieser Schriften wurde in die Reihe (mit dem Fachausdruck: den Kanon) der verbindlichen, für den christlichen

Glauben grundlegenden heiligen Schriften aufgenommen. Sie werden in der Forschung als Apokryphen bezeichnet, ein Ausdruck, der ursprünglich ägyptische, magische und geheime Texte meinte und dann auf die nicht als kanonisch anerkannten Schriften zu biblischen Themen angewandt wurde.

Zur Vertiefung

Christliche Lebenspraxis steht in der Spannung, sowohl aus außergewöhnlichen Gotteserfahrungen zu schöpfen, die Alltägliches in Frage stellen können, als auch das tägliche, normale Leben als Weg der Gottesbegegnung zu gestalten. Leben aus dem Glauben bewährt sich gerade auch im Alltag, beim Umgang mit den Menschen des nahen Lebensumfelds, beim Einkaufen, beim Arbeiten usw.

- Ich begrüße heute Verrichtungen, die mir sehr vertraut sind, bewusst mit einem Lächeln.
- Ich bitte um die Gelassenheit, das anzunehmen, was nicht in meiner Macht steht, um den Mut, nötige Veränderungen in Angriff zu nehmen, und um die Weisheit, das eine vom anderen zu unterscheiden.
- Wenn meine moslemische Nachbarin meinen Alltag gut kennen würde: Woran könnte sie merken, dass ich christlich zu leben versuche?

Jesus suchen – Pilgerfahrt nach Jerusalem

Wer die Bibel aufmerksam und oft liest oder hört und wer eine Bibelausgabe zur Hand hat, die auf so genannte Parallelstellen verweist, kann Verbindungslinien entdecken, die sich quer durch die Texte ziehen – innerhalb eines biblischen Buches sowie zwischen den Büchern. Ob diese Verbindungen nun von den Verfassern absichtlich angelegt wurden, ob sie schon früheren Auslegern ins Auge fielen oder ob es einfach das ist, was sich mir heute zuspricht, was mir ganz persönlich auffällt, ist dabei nicht so wichtig. Fast immer ist es spannend und ertragreich, diesen Spuren zu folgen, sich von ihnen tiefer in das Verständnis der Botschaft hineinziehen zu lassen.

Auf dem Weg mit Maria und Josef und dem zwölfjährigen Jesus zum Pessachfest in Jerusalem (Lk 2,41–52) sind mir zwei Elemente aufgefallen, die später im Lukasevangelium wieder auftauchen: die getadelte Suche und das Nichtverstehen. »Was sucht ihr mich? Wusstest ihr nicht, dass ich in dem sein muss, was meines Vaters ist?« (Lk 2,49), sagt Jesus zu seinen Eltern. – Und der Engel am leeren Grab sagt zu den Frauen: »Was sucht ihr den Lebenden bei den Toten? Er ist nicht hier.« (Lk 24,5)

Von Maria und Josef heißt es: »Sie aber verstanden das Wort nicht, das er zu ihnen redete.« (Lk 2,50) – Und als Jesus seinen Jüngern sein Leiden ankündigt, verstehen auch die ihren Meister nicht: »Doch nichts davon verstanden sie.« (Lk 18,34; ähnlich auch Lk 9,45)

Was könnten diese Parallelen zu sagen haben? Denken wir uns wiederum in die Texte hinein:

Maria und Josef suchen ihr Kind voll Kummer und Sorge – wie verständlich! Auch die Frauen, die zum Grab Jesu kommen in aller Frühe, sind verständlicherweise voll Trauer und wohl auch Sorge, wie es jetzt weitergehen wird. Beide Szenen spielen am dritten Tag, nachdem der geliebte Sohn bzw. Meister »verloren gegangen« ist. Beide Male erhalten die Suchenden eine brüske Antwort, die ihnen zu verstehen gibt, dass ihr Kummer und ihre Suche umsonst sind: Sie hätten doch längst wissen können, was hier Sache ist, und sich nicht weiter aufregen. Oder vielleicht dürfen wir uns den jugendlichen Jesus bzw. den Engel am Grab auch weniger brüsk als ehrlich überrascht und wohl auch ein bisschen enttäuscht vorstellen, so, als würde er sagen: Ich habe geglaubt, ihr hättet längst verstanden, wer ich bin bzw. wer dieser Jesus ist.

Aber das Verstehen fällt offensichtlich schwer. Maria und Josef verstehen Jesus nicht und ebenso wenig die Jünger und Jüngerinnen, denen er sein Leiden und seine Auferstehung ankündigt; zweimal verstehen sie nichts. So stehen sie dann auch verwirrt vor dem leeren Grab und müssen sich erst langsam durchfinden zur Erkenntnis, dass dieser Mensch wahrhaftig Gottes Sohn war, der den Tod überwunden hat und auferweckt worden ist.

Es tröstet mich, dass selbst die Menschen, die ganz unmittelbar, in nächster Nähe mit Jesus lebten, sich nicht so leicht damit tun, ihn zu verstehen und zu erfassen, wen sie da vor sich haben. Auch sie suchen ihn immer noch kummervoll und angestrengt, als sie längst schon um ihn wissen konnten.

Wie oft bin ich schon zurückgegangen ins Heiligtum – im übertragenen Sinn etwa wieder ins häufigere Beten, in mehr Meditation, in meine Tiefen, ins Bibellesen, in den konkreten Dienst an anderen – ins Zentrum sozusagen, weil ich realisiert habe, dass ich nicht mehr mit Jesus unterwegs bin? Dort begegnete zuweilen auch mir ein, ja auch tadelnd-enttäuschter, aber vor allem freundlich-barmherziger Blick, der mir sagte: Die Umwege hättest Du Dir sparen können; es war doch klar, dass ich genau hier zu finden sein werde. Wie oft schon bin ich trauernd am Grab gestanden, wo ich Jesus vermutete: vergraben unter dem Zuviel der Anstrengungen, unter blutleeren theologischen Theorien, unter Enttäuschungen mit Menschen und Institutionen – um zu erfahren: Hier ist er nicht. Ich suchte an der faschen Stelle. Er ist kein Toter, der sich festhalten ließe. Er ist ein Lebender, Sohn des lebendiges Gottes.

Es ist tröstlich, dass es auch für die, die mit Jesus hautnah zu tun hatten, schwer war zu verstehen, wie in ihm Gott und Mensch zusammengehen und was da geschieht, wenn er dem Leiden nicht ausweicht, der Gewalt keine Gegengewalt entgegensetzt, sondern im Durchgang durch den Tod das Leben verewigt. Mit diesen Menschen, die suchten und nicht verstanden und doch zu Trägerinnen und Trägern der erlösenden Botschaft und der Erkenntnis der Menschwerdung Gottes, seines Lebens und Todes und seiner Auferstehung wurden – mit ihnen darf ich mich verbunden fühlen, wenn ich suche, nicht verstehe und doch so gerne glauben will. Manchmal braucht es vielleicht auch die Erfahrung des Nichtverstehens, damit die Wahrheit wirklich bei mir ankommen kann …

Hintergrund

Lk 2,41–52, die Erzählung vom zwölfjährigen Jesus im Tempel, schließt im Lukasevangelium die Kindheitsgeschichte Jesu ab. Hier wird noch einmal deutlich gemacht, dass Jesus in eine fromme jüdische Familie hineingeboren wurde, die sogar jährlich nach Jerusalem pilgerte. Mit zwölf Jahren gilt bis heute ein jüdisches Kind als erwachsen, es feiert Bar Mizwa (für Knaben) oder Bat Mizwa (für Mädchen); das Wort bedeutet »Sohn bzw. Tochter des Gesetzes«. Wahrscheinlich durfte Jesus aus diesem Grund das erste Mal an der Wallfahrt teilnehmen.

Die Erzählung betont zugleich seine besondere Herkunft: Maria sagt, »dein Vater und ich haben Dich gesucht«, Jesus antwortet mit einem klaren Verweis auf seinen himmlischen Vater.

Zur Vertiefung

- Ich versetze mich meditierend in die Situation von Maria und Josef, die Jesus suchen. Ich versuche, mir das sehr konkret bildlich vorzustellen. Wie sieht der Schauplatz aus? Wer ist noch da? Welche Gefühle bewegen mich? Ich beginne mit Jesus ein Zwiegespräch. Ich höre genau hin, was sein Wort für mich ist.
- Ich kann auch mit Maria und Josef oder mit denen, die ihn im Grab suchen, innerlich ins Gespräch kommen oder ihnen einen Brief schreiben.
- Wenn ich Jesus nicht immer verstehe, darf ich dennoch getrost sein; ich bin in guter Gesellschaft. Wichtig ist nur, mich trotzdem darum zu bemühen, in seiner Nähe zu bleiben, z.B. durch regelmäßiges Beten oder Meditieren.

Jesu Liebe zu den Armen teilen – Der heilige Josef

Ob Josef ein guter Vater war? Was für eine Frage, wo doch Josef als historische Person nicht greifbar ist und auch die Bibel fast nichts von ihm erzählt. Dem Beispiel einer Meditation von Père Joseph Wresinski, dem französischen Armenpriester, folgend, lade ich ein, dass wir uns Josef vorstellen, und zwar sozusagen naiv und ganz »real« als den Mann, bei dem Jesus aufwuchs. Die kirchliche Tradition nimmt zwar an, er sei noch vor dem öffentlichen Auftreten Jesu gestorben. Aber es gibt keinen zwingenden Grund, ihn uns als alten Mann vorzustellen und ihn sterben zu lassen, noch bevor der »Sohn des Zimmermanns« Aufsehen erregt hat. Wir können versuchen, uns in den lebendigen Josef hineinzudenken. Mal sehen, was wir dabei mit »naiven« inneren Augen erkennen können:

Im Matthäusevangelium wird er ein Gerechter genannt und betont, dass er aus dem Geschlecht Davids stammte. Wir dürfen annehmen, dass er einer war, dem es ernst war mit den Verheißungen Gottes und der sich verpflichtet wusste, sich für die Ankunft des Messias bereitzuhalten – schließlich wurde ja erwartet, der Messias werde aus dem Haus Davids kommen. Matthäus schildert Josef als einen sehr feinfühligen und für Gottes Botschaften offenen Mann, der die Aufträge, die er erkannt hatte, auch gleich und gewissenhaft ausführte.

Leicht kann das nicht gewesen sein: zuerst als junge Familie auf der Flucht nach Ägypten ein Migrantenschicksal zu erleiden; fremd zu sein; arm wohl auch. Schwere Arbeit anzunehmen, die die Einheimischen nicht machen wollen. Inmitten einer fremden Kultur und Religion dem Kind die eigene nahezubringen, es in die Traditionen einzuführen.

Und dann wieder zurück, nach Nazareth. Für Heimkehrer ist es oft schwer, in der inzwischen auch fremd gewordenen Heimat wieder Fuß zu fassen. Dabei dürfen wir uns Josef gewiss als einen denken, der auch vom Eigenen noch an Bedürftigere abgab und der Jesus lehrte, dass Gott Gerechtigkeit will und nicht die Ausbeutung der Armen. Sicher hat er Jesus in die Lehren der Propheten eingeführt und in die Hoffnungen Israels.

Und dann? Dann muss Josef erleben, dass Jesus nicht zuerst nach Jerusalem geht, um die Führer des Volkes zu belehren. Dabei hätte er alle Voraussetzungen zum wortgewandten Schriftgelehrten gehabt und hätte einflussreich werden können. Vielleicht hätte ihn Josef auch gerne in der klassischen Rolle des Propheten am Hof gesehen, im Zentrum der Macht als deren kritisches Gegenüber. Mag sein, Josef wäre sogar einverstanden gewesen, wenn Jesus sich den Zeloten angeschlossen hätte, den Kämpfern für den politischen Umsturz.

Nein, Josef erlebt, dass Jesus zu den Armen Galiläas geht und mit einer zerlumpten Schar durch die Lande zieht. Gewiss, es hören ihm viele zu – aber wer? Mag sein, dass sich Josef zweifelnd gefragt hat, wie Jesus wohl mit denen ein messianisches Reich aufbauen will.

Josef wird wohl einverstanden gewesen sein mit der Sorge um die Ärmsten, mit den Werten der Gerechtigkeit und der Barmherzigkeit. Aber ob es ihm recht war, dass Jesus sich so weitgehend mit diesen Armen verbrüdert?

Vielleicht hat sich Josef im Stillen gekränkt darüber, dass Jesus keine »bessere Karriere« gemacht hat; dass er keinen traditionellen geistlichen Weg eingeschlagen hat. Vielleicht hat er auch Angst um Jesus gehabt, hat kommen gesehen, dass das nicht gut ausgehen kann.

Josef, der Gerechte, der fest steht im biblischen Glauben, der fromm ist, die Gebote hält bis hin zur jährlichen Wallfahrt zum Tempel in Jerusalem, der um seine Verantwortung als Nachfahre Davids, als Angehöriger einer traditionsreichen Familie weiß, der ein offenes Auge hat für die Ungerechtigkeit und Unterdrückung im Land – er hat sich vielleicht dennoch schwergetan zu verstehen, was Jesus will. Wäre nicht die allgemeine Umkehr eher durch gebildete, angesehene Leute und deren Vorbild und Einfluss zu erreichen?

Jesus aber nimmt einen anderen Weg, eine Revolution von innen, eine radikale Veränderung. Ein Neuaufbau menschlichen Zusammenlebens von den Armen her. Jesus sagt allen, auch seinen frommen Eltern: Kehrt um! Und er preist die Armen selig. Sein Erfolg wird durch das Scheitern gehen. Ob Josef das verstehen kann?

»Ich bezweifle, dass die Bitte, den Messais aufzunehmen, eine Umwälzung in Josefs Leben war. Dieser Vorschlag entsprach der Hoffnung eines Mannes aus davidischer Familie. Ich verstumme vor dem älteren, reiferen Josef, der seine Aufgabe erfüllt hat und von dem Gott nach so viel Treue vielleicht noch verlangt hat, sich zu bekehren.« (Joseph Wresinski)

Hintergrund

Père Joseph Wresinski, der Priester der Armen in Frankreich im 20. Jahrhundert, hat seinen Namenspatron so geschildert, wie ich es hier nacherzähle, und zwar in dem Buch: *Selig ihr Armen, Münster: LIT-Verlag 2005, auf den Seiten 214–231*. Im Vorwort des Buches, in dem sich diese Betrachtung über Josef findet, bekennt Kardinal Christoph Schönborn, dass er »noch nie so lebensnahe und überzeugende Seiten über den Hl. Josef gelesen« hat.

Joseph Wresinski liest die Evangelien mit dem Blick auf die Armen, mit denen er arbeitet. Er erkennt sie in den Menschen wieder, mit denen Jesus zu tun hat. Der tiefe Sinn der Evangelien, meint er, entschlüsselt sich erst im Kontakt und der Bekehrung zu den Armen.

Im Neuen Testament erfahren wir von Josef vor allem aus dem Matthäusevangelium (in den Kapiteln 1 und 2) und im Lukasevangelium (Kapitel 1 und 2). Danach kommt Josef nicht mehr vor. Spätere Legenden beschrieben ihn als alten Mann und erzählen von seiner wunderbaren Erwählung als Bräutigam für Maria.

Zur Vertiefung

- Ich suche das Gespräch, die innere Zwiesprache mit Josef. Vielleicht schreibe ich ihm einen Brief. Mag sein, wir teilen so manche Schwierigkeit, den Weg Jesu nachzuvollziehen.
- Wie könnte ich auf den Geschmack des Evangeliums der Armen kommen? Wo könnte ich eintauchen in Welt der Freunde Jesu, der Armen? – Was hält mich zurück?

VIII

Ausblick

Jesu Weg ging weiter. Christinnen und Christen feiern das Kind in der Krippe, weil es derselbe ist, der das Gottesreich ansagt, der Hoffnung bringt und der durch Kreuz und Tod in die Auferstehung geht. Der Heil wirkt. Der allen die Gotteskindschaft bringt.

Die Möglichkeit, sich auf ihn und seinen ganzen Weg einzulassen, ist das große Geschenk von Weihnachten.

Gottes geliebtes Kind sein – Die Taufe Jesu

»Du bist mein geliebtes Kind, an dir habe ich Gefallen gefunden.« In meinen ersten Exerzitien, einer Zeit der Einkehr mit Stille, Gebet und Gesprächen, mittels derer ich mich auf den Beginn meines Theologiestudiums vorbereitete, sollte ich diesen Satz als Zusage Gottes an mich meditieren. Ich hatte gerade das neue Auto meines Vaters in einen Totalschaden gefahren – aus eigener Schuld, gottseidank ohne Verletzung meiner selbst oder eines anderen. Aber in meiner Familie, in der ich mich als fünftes Kind gerade anschickte, wie meine Geschwister ebenfalls auf die Universität zu gehen, bedeutete das einen hohen finanziellen Verlust. Sehr liebeswert kam ich mir also gerade nicht vor, ich hatte ein ziemlich schlechtes Gewissen, wusste mich unfähig und unachtsam. An mir sollte Gott Gefallen finden?

Dennoch waren gerade mein Unfall und die Reaktion meiner Eltern darauf eine großartige Basis, um den tieferen Sinn dieser biblischen Zusage zu erfassen. Obwohl es ein sehr schmerzlicher finanzieller Einschnitt war und für eine Weile den Verzicht auf ein Auto für meine Eltern mit sich brachte, hatte ich weder unmittelbar nach dem Unfall noch jemals seither irgendeinen Vorwurf von ihnen gehört. Ganz direkt durfte ich erleben, dass ich ihnen als ihr geliebtes Kind viel wertvoller war, als Materielles es je sein kann, und dass daran auch Schuld und Versagen nichts änderten. Ich war und bin dafür unendlich dankbar.

Jesus hört diesen Satz, »Du bist mein geliebter Sohn, an dir habe ich Gefallen gefunden« (Mk 1,11), als er sich von Johannes im Jordan taufen lässt. Die Evangelien beginnen damit die Erzählung des öffentlichen Auftretens Jesu. Als Satz über Jesus macht er ganz klar, warum es interessant sein könnte, sich mit der Geschichte dieses Mannes zu beschäftigen: eben weil er Gottes Sohn ist. Diese Ansage steht am Beginn seines Wirkens als Vorzeichen von allem, was dann erzählt wird. Von hier aus bekommt es erst seinen eigentlichen Sinn. Noch einmal wird von Jesus Ähnliches gesagt werden, wieder in einem speziellen Moment, in dem er Gott, seinem Ursprung, ganz besonders nahe ist, nämlich am Berg der Verklärung. Dort wird es heißen: »Dies ist mein geliebter Sohn; auf ihn sollt ihr hören.« (Mk 9,7)

Das Fest der Taufe Jesu, das in der römisch-katholischen Kirche kurz nach Weihnachten gefeiert wird, führt von der Betrachtung des Jesuskindes in der Krippe hin zum Hören auf den erwachsenen Jesus, zum Hinhören auf seine Botschaft, zum Hinschauen auf seinen Lebensweg und dann auch auf sein Sterben und sein Auferstehen. Der ganze Jubel zu Weihnachten, die Beschaulichkeit oder auch das Ringen darum, besser zu verstehen, was mit all dem gemeint ist, bekommen ihren eigentlichen Sinn erst im Blick auf den erwachsenen Gottessohn. Um ihn geht es, um seine gute Nachricht von einem Leben in Fülle, von einem Reich der Gerechtigkeit und des Friedens. Um sein Zeugnis von der Barmherzigkeit Gottes, von Gottes liebender Zuwendung zu uns Menschen in all unserer Bedürftigkeit, von Gottes Freude über uns und unsere Welt, über Schönheit und Glück. Es geht um Jesu konsequenten Weg der Menschlichkeit, auf dem er auch den Herrschern und dem Leiden und dem Tod, den sie über ihn verhängen, nicht ausweicht. Es geht um seine innige Verbundenheit mit Gott, die auch im Tod trägt und ihn in die Auferstehung führt. Es geht um das Heil, das er wirkt. Es geht um die Hoffnung auf Jesus Christus, der wiederkommen und die Vollendung der Welt bringen wird. Es geht darum, ihm nachzufolgen.

Auf diesem Weg können wir entdecken, dass uns nicht nur ein göttliches Kind geboren wurde in der heiligen Nacht, sondern dass wir alle mit hineingenommen sind in dieses innige Verhältnis zwischen Jesus Christus und seinem Vater. Denn Gott hat uns in Christus alle erwählt als seine geliebten Töchter und Söhne (vgl. Eph 1,5). Deswegen, nämlich für uns Menschen und zu unserem Heil, ist Gott Mensch geworden und geht mit uns bis heute den Weg der Erlösung und Befreiung, den Weg des Lebens in Fülle.

Gottes geliebtes Kind zu sein – wer mit den eigenen Eltern keine guten Erfahrungen gemacht hat, hat es womöglich schwer, sich in dieses Glück einzufühlen. Viele mussten und müssen die Liebe ihrer Eltern vermissen oder haben Zuwendung allzu oft gepaart mit Gewalt erlebt. Ich will mit ihnen und für sie hoffen, dass sie erleben, erahnen, dass die göttliche Liebe ihnen gilt, sie meint, für sie da ist. Dass Gott zu ihnen sagt: Du bist meine geliebte Tochter, Du bist mein geliebter Sohn, an dir habe ich Gefallen gefunden.

Jede und jeder darf darauf vertrauen, Gott zu gefallen – mit allen hellen und dunklen Seiten, mit Fähigkeiten und Versagen, mit unserem Zweifeln und Suchen und Finden. Auch dann, wenn es Unfälle gegeben hat im Leben, sogar dann, wenn wir sie mitverursacht haben. Wir dürfen uns zu Jesus stellen und mit ihm sehen, dass der Himmel auch für uns offen ist – nicht nur zu Weihnachten, sondern jetzt; immer. Viel mehr als alles andere in dieser Welt sind und bleiben wir für Gott wertvoll und liebenswert. Jeder und jede Einzelne.

Hintergrund

Am Sonntag nach dem 6. Januar begeht die Kirche das Fest »Taufe Jesu«. Es ist wie ein Scharnier, das den Weihnachtsfestkreis mit dem normalen Kirchenjahr verbindet, ein Scharnier, das die Tür öffnet von der Weihnachtsstimmung zur Begegnung mit Jesus in den Evangelien.

Die Taufe im Jordan steht am Beginn von Jesu Wirken (Mt 3,13–17; Mk 1,9–11; Lk 3,21f). Manchmal wird sie als Jesu Berufungserlebnis gedeutet. Ebenso kann sie als Zeichen dafür verstanden werden, dass Jesus sich mitnehmen lässt von der Hoffnung vieler auf Erlösung. Denn viele ließen sich damals taufen als Zeichen für ihre Bereitschaft, in besonderer Weise das Reich Gottes zu erwarten. Die Evangelisten erzählen, wie sich bei der Taufe über Jesus der Himmel öffnet, der Geist Gottes als Taube (wahrscheinlich eine Anspielung auf den Propheten Jona) zu ihm kommt und Gott ihn als seinen geliebten Sohn zu erkennen gibt. Damit bezeugen sie, dass in diesem Jesus Christus das Reich Gottes schon zu uns gekommen ist.

Im so genannten Epheser-Hymnus, einem Loblied im Brief an die Gemeinde in Ephesus (Eph 1,3–14), wird klar ausgesprochen, dass sich jede und jeder als Gottes geliebtes Kind ansehen darf. Dieses Loblied oder Teile daraus stammen vielleicht ursprünglich aus Tauffeiern in den ersten christlichen Gemeinden. Es spricht auf zeitgenössische Weise von dem »Glück, zu Christus zu gehören« (ich danke P. Elmar Mitterstieler SJ für diesen Ausdruck der großen Freude, getauft zu sein).

Die Formulierung, »für uns Menschen und zu unserem Heil«, ist dem so genannten großen Glaubensbekenntnis entnommen, das (leider nur an wenigen Orten) gelegentlich an hohen Feiertagen gebetet wird. In den Worten dieses feierlichen Credo (credo heißt auf Latein: ich glaube) hat das Konzil von Konstantinopel im Jahr 381 zusammengefasst, woran Christen glauben. Unter dem Namen »nicaeno-konstantinopolitanisches Credo« fand es weite Verbreitung. Am normalen Sonntag wird in der Messe das so genannte Apostolische Glaubensbekenntnis gebetet.

Zur Vertiefung

Das Fest der Taufe Jesu eignet sich zur Erinnerung an die eigene Taufe. In manchen Gemeinden wird es mit einer feierlichen Tauferneuerung im Gottesdienst begangen.

- Wenn ich getauft bin, zünde ich meine Taufkerze an und überlege, was es für mich bedeutet, getauft zu sein. Wie hallt die Idee, sie bedeute das Glück, zu Jesus zu gehören, in mir wider?
- Wenn ich nicht getauft bin, horche ich in mich hinein, ob das ein Weg für mich sein könnte.
- Bei der Taufe (und bei der so genannten Tauferneuerung in der Osternachtsfeier) wird in je drei Fragen nach der Absage gegen das Böse und der Annahme des christlichen Glaubens gefragt. Ich überlege, von welchen Haltungen und Meinungen ich mich bewusst absetzen möchte und wie ich das formulieren könnte, woran ich glaube.
- In einem Gottesdienst in einer Gruppe kann solchen Fragen gemeinsam nachgegangen werden. Die Fragen aus der Taufliturgie oder eines der beiden Glaubensbekenntnisse können gemeinsam meditiert

werden. Eine Schale mit Weihwasser lädt dazu ein, sich bewusst mit dem Weihwasser zu bekreuzigen in Erinnerung daran, getauft zu sein.

- Ich meditiere den Epheser-Hymnus, lasse jeden Satz in mir nachklingen und versuche, ihn mehr mit dem Herzen als im Kopf zu verstehen. (Und wenn ich dann mehr darüber wissen will, nehme ich einen Bibelkommentar zur Hand.)

Kalendarium

Wer möchte, kann einzelne Texte bestimmten Tagen zuordnen, zu denen sie z.B. aufgrund des Heiligenkalenders oder der liturgischen Texte besonders gut passen. Die Angaben beziehen sich auf die Ordnungen der römisch-katholischen Kirche.

4. Dezember: Festtag der heiligen Barbara

6. Dezember: Festtag des heiligen Nikolaus

8. Dezember: Hochfest der ohne Erbschuld empfangenen Gottesmutter (der Immaculata); gewöhnlich Mariä Verkündigung genannt

13. Dezember: Festtag der heiligen Lucia

17.–23. Dezember: Tage der so genannten O-Antiphonen

21. Dezember: Eine Lesung in der Messe ist aus dem biblischen Buch Hohelied.

24. Dezember: Heiliger Abend – es wird das Evangelium von der Geburt Jesu gelesen.

25. Dezember: Weihnachtsfeiertag – es wird der Beginn des Johannesevangeliums gelesen, der so genannte Johannesprolog, der den Logos, das Wort Gottes feiert, das Fleisch wird.

26. Dezember: Festtag des heiligen Märtyrers Stephanus

27. Dezember: Festtag der Unschuldigen Kinder – es wird die Erzählung vom bethlehemitischen Kindermord gelesen.

28. Dezember: Festtag des Heiligen Apostel und Evangelisten Johannes

Am Sonntag zwischen Weihnachten und 1. Januar ist das Fest der Heiligen Familie. Es wird entweder die Flucht nach Ägypten oder die

Darstellung Jesu im Tempel (bei der er Simeon und Hanna begegnet) oder die Erzählung vom Zwölfjährigen im Tempel als Evangelium gelesen.

31. Dezember: Festtag des heiligen Papstes Sylvester

1. Januar: Hochfest der Gottesmutter, Beschneidung Jesu, Festtag von Adam und Eva. Als Evangelium wird der Gang der Hirten zur Krippe und wieder heim gelesen, inklusive der Beschneidung und Namensgebung Jesu.

6. Januar: Hochfest der Erscheinung des Herrn (Epiphanie); gewöhnlich der Festtag der Heiligen Drei Könige genannt.

Am ersten Sonntag nach Dreikönig/Epiphanie wird das Fest der Taufe Jesu gefeiert.